Karl Sewart – Karl Stülpner

Karl Sewart

Karl Stülpner

Die Geschichte des erzgebirgischen Wildschützen

Chemnitzer Verlag

2002, 2. erweiterte Auflage
Die 1. Auflage erschien unter dem Titel: »Mich schießt keiner tot«

Titelentwurf, Illustrationen: Linde Detlefsen
Titelmotiv unter Verwendung der Lithographie »Stülpner und seine Genossen« (mit freundlicher Genehmigung des Heimatmuseums Marienberg)

Druck: Westermann Druck GmbH, Zwickau

ISBN 3-928678-14-0

TEIL 1

Es wollt ein Jägerlein jagen

»Es wollt ein Jägerlein jagen
dreiviertel Stund vor Tage
wohl in dem grünen Wald, ja Wald,
wohl in dem grünen Wald.
Hallo, hallo, hallo, hallo, hallo,
im grünen Wald...«

Hört, ihr Herren, und laßt euch sagen

Der Nachtwächter hat die zwölfte Stunde ausgerufen. In den Hütten des kleinen Fleckens, die sich ängstlich an den Burgberg ducken, ist das letzte Licht längst ausgegangen. Die Leute ruhen von ihrem schweren Tagwerk aus. Es ist still geworden. Nur das Mühlenwehr rauscht dumpf vom Fluß herauf, das Radwerk klappert leise.

In immer dichteren Schwaden steigt der Nebel auf. Fast drohend ragt die Silhouette der Burg in den düsteren Herbsthimmel. Nur ab und zu dringt ein Mondstrahl durch die schwere Wolkendecke. Einmal ist es, als ob oben auf der Burgmauer die Gestalt einer weiß verschleierten Frau erscheine ...

Da schimmert, blitzt es metallen auf. Gedämpfte Schritte sind zu hören. Der verstohlene Strahl einer Blendlaterne. Zaumzeug klirrt leise, Hufe scharren. Mit gedämpfter Stimme werden kurze Befehle erteilt. Ein Gewehrlauf schimmert im Mondlicht auf. Im Schutz der Dunkelheit sind Männer in den Ort eingedrungen. Zwei, drei Dutzend mögen es sein. Einige sind beritten, die meisten bewaffnet. Kriegsmäßig besetzen sie die Ausgänge des Dorfes. Die Mehrzahl zieht sich an der überdachten Holzbrücke am unteren Ende zusammen. Das Haus an der Brücke wird dicht umstellt.

»Im Namen des Gesetzes! Öffnet die Tür!«

Laut, schrill schallen die Worte gegen das Haus, hallen vom Burgberg wider.

Den Worten folgen Schläge mit Fäusten und Gewehrkolben gegen Tür und Fensterläden. Man ist dabei, die Tür aufzubrechen. Endlich öffnet die Tür sich von innen. Ein älterer Mann, abgearbeitet, aus dem Schlaf gerissen, fragt, was denn sei. Er wird von den Laternen geblendet. Unsanft wird er beiseite gestoßen. Soldaten dringen ins Haus ein, stürmen durch den Flur, die Treppe hinauf, reißen Türen auf, durchsuchen die Zimmer. Vom Keller bis zum Spitzboden durchstöbern sie alle Räume, Ecken und Winkel.

»Schießt in die Feueresse!« befiehlt ein zivil gekleideter untersetzter Mann. Schüsse krachen, die Mauern erbeben, der Putz rieselt herab, Ruß dringt in den Raum. Indessen schnappen Soldaten sich Würste und Schinken aus dem Rauchfang, greifen frische Männerwäsche aus der Truhe, lassen alles unter ihren Uniformröcken verschwinden.

Eine Frau schreit. »Krieg!« schreit sie. »Es ist Krieg!«

Der ältere Mann, der die Tür öffnete, sagt: »Es ist schlimmer als Krieg, Frau. Es sind die eigenen Leute, die sich wie die schlimmsten Feinde aufführen...«

Den Musketieren in der weißen Montur mit gelben Armaufschlägen und roter Halsbinde sind weitere Zivilisten gefolgt. Sie geben sich als Gerichtsbeamte zu erkennen. Auch zwei Forstbeamte treten bewaffnet herein.

Der Gerichtshalter fährt den Hauswirt an: »Wo steckt er, Sein Hausgenosse! Wo steckt schockschwerenot dieser Stülpner!«

Der alte Mann zuckt mit den Schultern. Er wisse nicht, wo dieser sich aufhalte. Er sei Mäurer von Beruf und arbeite den ganzen Tag. Er sei spät nach Hause gekommen am vergangenen Abend und habe Stülpner nicht zu sehen bekommen, sei gleich zu Bett gegangen.

»Lüge Er nicht!« ruft der Büttel, tritt hinter dem Gerichtshalter hervor und bedroht den Hauswirt mit dem spanischen Rohr. »Er steckt doch mit dem Delinquenten unter einer Decke, beherbergt ihn unerlaubterweise. Er wird verhaftet, wenn Er uns nicht verrät, wo dieser Schurke sich aufhält! Er leistet einem gesuchten Verbrecher Vorschub! Er ist sein Komplize!«

Obwohl die Gerichten drohen und mit dem Rohr fuchteln, der Hauswirt weiß nichts oder sagt nichts. Plötzlich wird der alte Mann blaß und bricht zusammen. Die Frau schreit und jammert, die Tochter hilft ihr, den Mann ins Bett zu bringen. Vergeblich bemühen sie sich, ihn ins volle Bewußtsein zurückzubringen, er kann sich kaum bewegen, nur noch lallen, er hat einen Schlaganfall erlitten.

»Wo ist die Alte! Die Mutter des Lumpen!« ruft der Büttel. Ein Soldat sagt, da drinnen liege noch eine alte Frau im Bett. Er stürmt in die untere Stube, in die Kammer. Er schreit die schlafende Greisin an, rüttelt sie, zerrt sie an den Haaren aus dem Bett in die Stube. Ob sie die Mutter des Deliquenten Stülpner sei, will er wissen. Die Alte, schlaftrunken, völlig verwirrt, ist unfähig zu antworten. Inzwischen sind Gerichtshelfer aus dem Ort herbeigerufen worden. Einer von ihnen bestätigt, daß die Alte die Mutter des Gesuchten sei. Fragen dringen wie Schläge auf die Greisin ein. Von einem schweren und mühseligen Leben gezeichnet, hat sie jedoch erstaunliche Courage bewahrt. Sie überwindet die anfängliche Verwirrung und das Erschrecken über den Überfall, die brutale Behandlung durch den Büttel. Man droht ihr, sie zu verhaften und geschlossen ins Justizamt zu verbringen, wenn sie nicht gestehe, wo ihr Sohn sich aufhalte. Man wirft ihr vor, sie habe ihren Sohn in ihrer Wohnung tage- und wochenlang beherbergt, obwohl er einem verbotenen Gewerbe nachgehe und gerichtlich gesucht werde.

Die alte Frau faßt sich langsam. Ihr gekrümmter Rücken richtet sich auf. Weder von den Fragen und Vorwürfen des Gerichtshalters Günther noch von den Püffen und Schlägen des Büttels Wohlleben läßt sie sich einschüchtern. Sie sei selber nicht mit dem heimlichen Gewerbe ihres Jungen einverstanden gewesen, sagt sie. Sie habe ihm immer wieder ins Gewissen geredet. Aber was habe er denn für eine andere Wahl gehabt? Unter den Umständen, unter denen er aufgewachsen sei? – Aber das sei nun vorbei, habe sie gedacht. Ihr Sohn habe sein Gewerbe aufgegeben! Und der Herr von Einsiedel selber habe ihm versprochen, sich für seine Begnadigung höchstselbst zu verwenden, wenn er sich nur inzwischen hier, in der Wohnung bei ihr, seiner Mutter, aufhalten werde und sich nichts mehr zuschulden kommen lasse. Und das habe ihr Junge seit Wochen getan. Er habe seine Jagdwaffen nicht mehr angerührt. Am gestrigen Tag noch habe er sich in der Wohnung hier aufgehalten, noch am Abend, als sie zu Bett gegangen sei, habe er sich auf der Ofenbank niedergelegt. Sie sei selber verwundert, daß er nicht hier sei. Ihr Sohn sei kein schlechter Mensch. Doch so sehr er auch verfolgt worden sei, an seinen Händen klebe kein Menschenblut. Gerade darum wolle der Herr sich ja für ihn verwenden. Sie könne sich nur wundern, daß man ihn nun wie einen Verbrecher verfolge und das Haus nächtens überfalle...

Die Haltung, die Worte der Alten bleiben nicht ohne Wirkung auf die Beamten. Die Stube ist mittlerweile brechend voll von Menschen. Die hier aufgefundenen Jagdsachen seien zu beschlagnahmen, weist der Gerichtshalter die Helfer an. Die Frau sucht er zu beruhigen. Es werde sich alles aufklären.

Indessen treten der Ortsrichter und ein weiterer Einwohner, die herbeigerufen worden sind, herein. Der Richter teilt dem Gerichtshalter mit, der Delinquent könne sich nicht hier im Hause versteckt haben. Er sei diesem soeben auf dem Weg hierher begegnet. Stülpner habe ihn angesprochen und ihn gefragt, was die Kerls vor seiner Wohnung wollten. Er, der Richter, habe gesagt, er wisse es nicht. Er sei mit anderen Einwohnern seitens der Gerichte aufgefordert worden, sich zu Stülpners Wohnung zu begeben. Da habe Stülpner erwidert, er werde schon herausfinden, worum es gehe, und Gnade Gott, es handle sich um eine unrechte Sache gegen ihn. Er werde seine Doppelbüchse aus dem Versteck holen. Das habe Stülpner in drohendem Tone gesagt. Darauf sei er in der Dunkelheit verschwunden, als ob ihn der Erdboden verschluckt habe.

Gewiß, sagt einer von den Lokalgerichten eilfertig und in wichtigtuerisch-hämischem Ton, gewiß sei der Delinquent am Abend heimlich aus dem Haus geschlichen, um ein Mensch hier im Ort zu karessieren. Gewisse Gerüchte im Dorf deuteten seit einiger Zeit auf solche Aktivitäten des Gesuchten hin.

Das sähe dem Stülpner schon ähnlich, sagt ein anderer herbeigezogener Einwohner. »Der versteht sich nicht nur darauf, Rehe und Hirsche zu schießen. Der kann auch auf Schürzen Jagd machen.«

Einige der Männer lachen. Der Gerichtshalter muß einsehen, daß die wohlvorbereitete Überraschungsaktion fehlgeschlagen ist. Wieder einmal ist dieser Fuchs ihm entwischt. Die Enttäuschung des Verwesers ist groß. Wohl oder übel bläst er zum Rückzug. Dabei muß er gute Miene zum bösen Spiel machen. Er spürt die Schadenfreude eines manchen Helfers und Einwohners.

Günther verwarnt die Mutter des Delinquenten streng, verlangt von ihr, sogleich das Gericht zu benachrichtigen, wenn ihr Sohn sich bei ihr blicken lasse. Auf ihren Einwand, der Burgherr habe ihrem Jungen freien Aufenthalt in ihrer Wohnung zugesichert, geht er nicht ein.

Vor dem Haus gibt er dem Leutnant der Musketiere Anweisung, Posten aufzustellen, das Haus unter strenge und heimliche Beobachtung und Bewachung zu stellen.

Die beschlagnahmten Jagdwaffen und -geräte läßt er von den Gerichtshelfern mitführen. Die Untersuchung der Utensilien ergibt, daß sie lange nicht benutzt worden sind. Es geht um eine Flinte, um eine Jagdtasche mit Munition und Zubehör, um einen scharf geschliffenen Hirschfänger und um einen grünen Tuchrock in gutem Zustand.

Ein Knecht des Burgpächters kommt und lädt die Gerichtsbeamten, die Förster und den Leutnant zu einem Frühstück auf die Burg. Auch die Pferde brauchen Futter. Die Mannschaften werden in der Schänke und in den umliegenden Häusern einquartiert. Am Morgen soll Abmarsch sein. Es hat keinen Sinn, die Expedition fortzusetzen. Der Gesuchte ist gewiß längst über alle Berge. Denken die Häscher. Vielleicht ist er nun für immer über die böhmische Grenze verschwunden. Hoffentlich wird er irgendwo von einem Werbekommando geschnappt und in einen Soldatenrock gesteckt, damit er niemals wieder in seiner Jägerkluft die erzgebirgischen Forsten unsicher machen und die Behörden zum Narren halten kann...

»Was ist das bloß für ein Kerl, dieser Stülpner«, sagt einer der Musketiere des Fangkommandos zu einem anderen. »Die Gerichte, die Förster stellen ihm an allen Ecken und Enden nach, und nun wird auch noch Militär gegen ihn aufgeboten, das Haus besetzt, der ganze Ort abgeriegelt. Ein halbes Dutzend von Spitzeln schwört, er halte sich in der Wohnung seiner Mutter auf, aber als man eindringt, da hat der Kerl sich in Luft aufgelöst. Der muß es doch mit dem Leibhaftigen haben!«

Wo auf steiler Bergesspitze

»Das Schloß Scharfenstein an der Zschopau, deren Ufer herrlich gestaltete Felsen bilden, hat, nächst Augustusburg, die schönste Lage unter allen Schlössern unsers Erzgebirges. Es steht auf einem 60 Ellen hohen, aus dem ungleich höhern Gebirge in westlicher Richtung hervorspringenden ziemlich steilen, doch wenig felsigen Berge, um welchen die Zschopau in einem Halbkreise fließen würde, wäre nicht auch diese Form durch noch einen felsigen Hügel gestaltet, der wieder aus dem Schloßberge in Südwesten hervorspringt, wodurch nun der Fluß zu wahrhaft interessanten Krümmungen gezwungen wird, welcher von der Anhöhe herab, mit seinem krystallenen Wasser einen herrlichen Anblick gewährt.

Das Schloß zerfällt eigentlich in die noch wenigen Ruinen der alten Burg, und in den neuen Anbau; doch umschließt beides nur einen Hof, zu welchem über den langen Schloßgraben hinweg eine steinerne Brücke, und ein altes mit Wappen geziertes Thor rühren. Von den Ruinen, wovon man auch Theile beim neuen Schloßbau benutzt hat (z. B. einen sehr weiten Thurm in Südwest) zeichnet sich besonders der, gegen 30 Ellen hohe, runde und sehr weite, unbedachte Thurm aus, dessen Mauern überaus dick sind, und der wahrscheinlich in der alten Ritterzeit zum Ausspähen der Feinde als Wartthurm diente. Er bedeckt eine isolirte 10 Ellen hohe Klippe, den höchsten Punkt des Schloßberges. Die neuem Gebäude, welche höchstens ein Alter von 2 bis 300 Jahre verrathen, sehr gut bewohnbar sind und viel Raum gewähren, bestehen aus zwei Hauptgebäuden, und einem mehrfach gebrochenen Flügel, welche meist drei Etagen hoch sind... Einen Theil des Bergabhangs hat man in Gärten umgewandelt, und sie zum Theil terassirt...

Die Aussichten von Scharfenstein gehen, wegen der Höhe der umliegenden Berge, nirgends weit, sind aber überaus romantisch...«

So beschreibt Carl Heinrich Wilhelm Schönberg in seiner zeitgenössischen Stülpner-Biographie Schloß Scharfenstein. Es ist ein Schloß, wie es im (Geschichts- und Sagen-) Buche steht. Lage und Anlage sind reizvoll, scheinen der Phantasie eines Romantikers entsprungen zu sein; Ludwig Richter hat es gezeichnet. Die Anfänge liegen im Dunkel der Vergangenheit. Die ursprüngliche, wahrscheinlich um die Mitte des 13. Jahrhunderts entstandene Feste wurde offenbar zum Schutz eines im Tal vorbeiführenden Handelsweges nach Böhmen errichtet.

Die Burg soll, im Verein mit Burg Greifenstein bei Ehrenfriedersdorf, Raubritternest gewesen sein, war Witwensitz und kurfürstlich sächsischer Besitz, ist zu Kriegszeiten erobert und verwüstet worden. Jahrhundertelang war Scharfenstein Herrschaftssitz und Schutzburg für die umliegenden Dörfer, zeitweise auch für die Bergstädte Thum und Ehrenfriedersdorf. Wie jede echte und rechte Burg hat auch die zu Scharfenstein ihre geheimnisvollen unterirdischen Gänge und ihre gespenstische weiße Frau. Von 1492 bis 1931 war sie im Besitz eines Zweiges des bekannten, um die lutherische Reformation hochverdienten altadeligen sächsischen Geschlechts von Einsiedel.

Eines hat Scharfenstein wohl vor allen Schlössern und Burgen weit und breit voraus – von einem einzelnen Mann belagert worden zu sein. Und berühmt ist Scharfenstein heute offenbar weniger durch seine einstigen adeligen Besitzer und ihre wechselvollen Schicksale, sondern vielmehr als Geburts- und Heimatort eben dieses Burgbelagerers.

Nicht hoch oben aber »auf steiler Bergesspitze«, in der ritterlichen Feste, wurde der »kühne Schütze, königlich von Majestät«, geboren. Er erblickte ganz unten, am Fuß des Burgberges, an der tiefsten Stelle des Burgdorfes, in einer der armseligen Hütten im sogenannten »Gänsewinkel«, wo die ärmsten Untertanen ihr Federvieh hielten, das Licht einer so unromantischen und tristen wie gefahrvollen Welt.

Dies geschah am 30. September 1762. Er wurde als Carl Heinrich Stilpner (die Schreibweise änderte sich später) ins Taufregister des zuständigen Pfarramts im benachbarten Großolbersdorf, zu dem Scharfenstein eingepfarrt war, eingetragen.

Es war armer Leute Brauch, als Taufpaten für die Kinder solche Verwandte und Bekannte auszuwählen, die etwas »einzubinden« hatten – die wohlgestellt und freigebig genug waren, um dem Täufling eine Summe Geldes ins Taufkissen zu stecken, und von denen man erwarten konnte, daß sie das heranwachsende Kind mit Rat und Tat unterstützten. Auch traf man die Auswahl der Gevattern in dem Glauben, deren leibliche und geistige Eigenschaften gingen auf das Kind über. Dabei sollten aus verschiedenen Orten stammende Paten dem Kind ein langes Leben sichern. Bei Knaben war es üblich, zwei männliche und einen weiblichen Gevatter einzuladen. Ein lediger Pate verhieß zusätzliches Glück und Wohlergehen.

Die Paten des Carl Heinrich Stilpner waren die ledige Tochter eines Vollbauern aus dem benachbarten Dorf Venusberg, ein Kleinbauer aus dem in unmittelbarer Nähe liegenden Dörfchen Grießbach und ein Häusler, Zimmermeister und Königlich-sächsischer Waldläufer aus dem zwei Wegstunden entfernten Ort Krumhermersdorf bei Zschopau.

Neben den Menschenpaten standen als unsichtbare, gespenstische Gevattern die Armut, der Hunger und der Krieg an der Wiege des Jungen.

Die Wiege hatte der Vater mehr schlecht als recht noch in aller Eile zusammengezimmert. Vorigen Winter hatte er die alte, in der sieben Kinder ihr erstes Bett gefunden hatten, zu Brennholz gemacht. Carl Heinrich war ein unerwarteter Nachzügler. Die Mutter ging in ihr 45. Jahr, als sie mit ihm niederkam. Vielleicht war er unerwünscht. Wieder einmal herrschte Teuerung. Die Eltern wußten kaum, wie sie die Kinder sattbekommen sollten. Und es war Krieg. Der schreckliche Krieg ging in sein siebentes Jahr, als Stülpners noch den Jungen bekamen. Die heiratsfähigen großen Töchter hatten ein Recht darauf, sich ein ordentliches Kleid zu nähen. Es war ein denkbar ungünstiger Stern, unter dem der »kühne Schütze, königlich von Majestät«, geboren wurde.

Ursprünglich stammte Johann Christoph Stilpner von Bauern ab, die in der Gegend um Zschopau, in Krumhermersdorf, Börnichen und Waldkirchen ansässig waren. Infolge der Erbteilung waren aus den jüngeren Söhnen Kleinbauern, aus deren jüngeren Nachkommen Gärtner, dann Häusler und Handwerker, schließlich Tagelöhner geworden. Sein Vater war noch Schuhmacher in Krumhermersdorf gewesen. Als jüngerer Sohn erlernte er dieses Handwerk. Doch die Werkstatt übernahm der ältere Bruder. Zwei Schuster konnte der Ort nicht ernähren, auch in anderen Ortschaften fand der jüngere Stülpner-Schuster-Junge keine Stelle. Die wohlhabenderen Dörfler ließen ihr Schuhwerk vorwiegend in der Stadt machen, und die ärmeren Bewohner sparten selbst am Flickerlohn und gingen lieber barfuß. So sattelte der jünger Stülpner aufs Müllerhandwerk um. Er kam als Knappe in die Scharfensteiner Schloßmühle. Vielleicht kam er auch schon auf Freiersfüßen dorthin. Jedenfalls ging seine Hoffnung, in eine Mühle einheiraten zu können, nicht in Erfüllung. Auch zur Pachtung reichte sein Geld nicht. Er blieb zeitlebens ein Müller ohne Mühle, so wie er ein Schuster ohne Leisten war. Den kargen Mühlknappenlohn suchte er durch Flickschusterei und andere Gelegenheitsarbeiten aufzubessern. Es war nicht selten, daß Familienväter in solcher Lage ein halbes Dutzend Nebenberufe ausübten, um die Familie ernähren zu können.

Am liebsten wäre der Stülpner-Vater Gärtner oder Förster geworden. Von klein auf war er mit Pflanzen und Tieren vertraut. Nicht umsonst war er am Bornwald aufgewachsen. Und das Schießen hatte er während des Militärdienstes gelernt. Doch zum Gärtnern fehlte ihm das Land, und die Schützenstellen schnappten ihm andere weg, die mehr Fürsprache genossen als er. Vielleicht schoß er, aus Trotz oder aus Not, nach der Mühlenschicht ab und zu heimlich einen Hasen.

Das Müllerhandwerk lag ihm nicht besonders. Der Mehlstaub legte sich ihm auf Seele und Lunge.

Wenn es auch mit dem Erwerb einer Mühle nicht klappte, so gelang es dem Müllerburschen Stülpner immerhin, sich ein wenn auch altes und winziges, so doch eigenes Häusel mit einem winzigen Streifen Land zu erheiraten. Seine Erwählte brachte soviel Geld mit in die Ehe, daß es, mit seinem mühselig Ersparten zusammen, ausreichte, das Anwesen im Scharfensteiner »Gänsewinkel« zu erstehen.

Die Stülpner-Mutter entstammte einer angesehenen Scharfensteiner Familie. Unter ihren Vorfahren befinden sich begüterte Handwerksmeister, herrschaftliche Förster und Holzvögte, Schöppen und Ortsrichter. Ihr Vater, Melchior Schubarth, war Häusler und herrschaftlicher Schütze auf Scharfenstein. Als Kind hatte sie, wenn auch nicht rosige, so doch gute Tage gesehen. Doch ihr Leben lang hielt sie treu und aufopferungsvoll zu Mann und Kindern, auch als schlimme und schlimmste Zeiten zu überstehen waren...

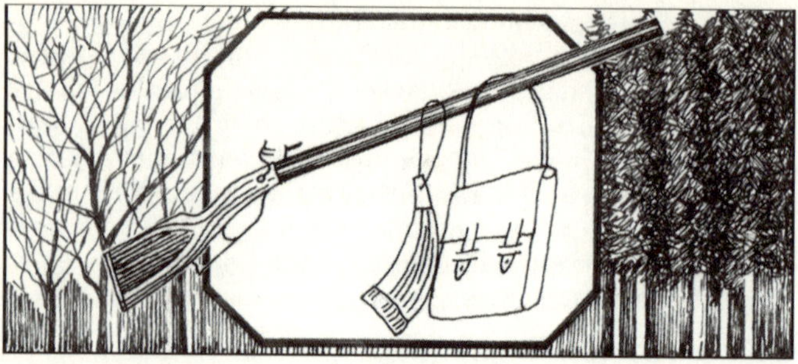

Schuhkel aus, Schuhkel ei...

»Schuhkel aus, Schuhkel ei, wo werd' ich übers Jahr wohl sei?«

Das alte Sprüchel riefen die heiratswilligen Mädchen zum Andreasabend. Der Länge lang lagen sie auf der Stubendiele und warfen ihren Schuh hinter sich. Zeigte die Spitze des Schuhs nach der Tür, so würde die Werferin im kommenden Jahr aus dem Haus gehen und heiraten. Zeigte der Schuh in die Stube herein, so gab seine Lage an, aus welcher Richtung der künftige Liebhaber und Ehemann sich nahen würde.

So lernte auch der kleine Karl das Bleigießen kennen. Er goß so etwas Längliches, spitz Zulaufendes. »Eine Nadel, du wirst mal ein Schneider!« rief eine der Schwestern.

»Es wird doch keine Flinte sein«, sagte die Mutter.

»Da wird er Jäger wie sein Großvater!« rief eine andere Schwester.

»Oder Soldat wie sein Vater in jungen Jahren.«

»Davor behüte ihn der liebe Gott«, sagte die Mutter.

Den Jungen interessierte indessen weniger das Weibergeschwätz. Er beschäftigte sich mehr mit dem technischen Vorgang des Bleigießens. Wurden aus diesem Metall nicht auch Schießkugeln gegossen?

Gern geht Karl zur Großmutter. Sie wohnt kaum einen Steinwurf weit entfernt im oberen Teil des Ortes. In ihrer Wohnung hängen Jagdbilder und Rehgehörne an der Wand. Daran kann er sich nicht sattsehen. Und nicht satthören kann er sich, wenn die Großmutter vom Großvater erzählt, der herrschaftlicher Jäger war. Er nahm an vielen Jagden, auch an kurfürstlichen Hofjagden in den Wäldern um Marienberg und Reitzenhain teil. So wenig Sitzfleisch der Junge sonst hat, der Großmutter kann er stundenlang lauschen, wenn sie von den Pirschgängen und Jagden des Großvaters erzählt. Warum nur war er schon längst gestorben? Und warum saß ein Fremder als Schütze auf Scharfenstein?

Je älter Karl wird, um so mehr wird er in den Kreislauf der häuslichen und familiären Pflichten einbezogen. Jedes Kind muß nach Kräften zum Lebensunterhalt beitragen. Im Sommer gibt es nicht nur Beeren zu pflücken. Pilze müssen eingetragen werden, Brennreisig, Fichtenzapfen, Leseholz. Es gibt Wege zu belaufen, dem Vater Essen in die Mühle zu bringen. Auf dem Rittergut kann man sich durch Hilfsdienste in Stall und Speicher einen manchen zusätzlichen Bissen verdienen. Der Heranwachsende hat immer Hunger, und die häusliche Kost ist mager.

Das kleine Scharfenstein hatte weder eine eigene Kirche noch eine eigene Schule. Die Scharfensteiner Kinder mußten den steilen Berg hinauf in den Kirchspielhauptort Großolbersdorf gehen, wenn sie »Schreibn, lasen un singe« lernen wollten. Das war eine gute halbe Wegstunde. Im Sommer aber gab es in der elterlichen Wirtschaft und auf dem Gutshof viel zu tun. Während der Erntezeit fiel der Unterricht ganz aus. Die Bauernkinder wurden zu Hause gebraucht. In der kalten Jahreszeit gab es oft hohen Schnee, so daß für die Scharfensteiner Kinder gar kein Durchkommen war. Auch hatten sie oft kein geeignetes Schuhwerk und keine rechte Kleidung.

Der aufgeweckte Stülpner-Junge ging gern in die Schule. Er wollte schon wissen, was alles im Gesangbuch und in der Bibel stand, und er wollte die Zeilen selber entziffern. Und das Rechnen machte ihm regelrechten Spaß. Der Schulmeister setzte ihn auf den Ersten Platz in seiner Altersgruppe, und er war stolz darauf und nahm es sogar mit älteren Schülern auf.

Dann geschieht etwas Schreckliches. Der Vater wird ins »Bummerle« gesteckt, muß bei Wasser und Brot auf dem Schloß im Keller stecken. Und Kinder im Ort und bald auch im Nachbarort in der Schule zeigen mit Fingern auf den kleinen Stülpner und verachten und verhöhnen ihn, weil sein Vater ein Leinöldieb ist...

Der Lehrer setzt ihn auf den letzten Platz. Eltern von Kindern, die nach ihm saßen, haben es von ihm verlangt.

Karl geht zur gewohnten Zeit mit den Schulsachen früh aus dem Haus. Doch er geht kaum noch in die Schule. Er versteckt das Schulzeug unterwegs in einem Strauch und streift durch den Wald. Hier können ihm die Spottreden der Kinder und der falsche Schulmeister gestohlen bleiben. Bei schlechtem Wetter geht er zur Großmutter.

Auf dem Dachboden der Großmutter entdeckt er eines Tages beim Stöbern eine alte Flinte. Er schafft sie heimlich aus dem Haus, versteckt sie im Wald in einem hohlen Baum. Jeden Tag sieht er nach, ob sie noch da ist, er hütet sie wie seinen Augapfel. Von den Jägern hat er sich bei den herrschaftlichen Jagden schon einiges in der Handhabung der Gewehre abgeguckt. Er weiß, wie das Schloß funktioniert, daß man alles sauber halten und ölen und trockenhalten muß. Einen Vorrat an Pulver und Blei hat er sich angelegt. Er beobachtet den Jäger, geht ihm zur Hand. Vom Winkler-Bauer, seinem Paten, läßt er sich die Flinte in Schuß bringen. Der kennt einen Büchsenmacher in Chemnitz. Auch Formen zum Kugelgießen weiß der Junge sich zu beschaffen. Wenn auch der erste Schuß danebengeht, er hat geknallt. Übung wird nun den Meister machen.

*

Irgendwann und irgendwie muß der spätere aktenkundige Wilddieb Stülpner zu einem Schießgewehr gekommen sein. Und das frühzeitig, denn er war frühzeitig fertig als solcher. Wenn er die Flinte nicht vom großelterlichen Oberboden stibitzt hat, hat er sie sich anderweitig beschafft. Früh übt sich, wer ein Meister werden will.

»So wußte er sich schon damals, ohne daß es seine Mutter bemerkte, eine alte Flinte zu verschaffen, die ihm als das heiligste und theuerste Kleinod galt.« Das ist alles, was der alte Stülpner seinem Memoirenschreiber verrät. Er wird dem, nach so vielen Jahren und einem wildbewegten Leben, auch keine Bedeutung weiter beigemessen haben.

So außergewöhnlich war es nicht, wenn sich in einem Ort wie Scharfenstein damals ein heranwachsender Junge für die Jägerei begeisterte. Der Alltag verlief eintönig, das Leben bot einem aufgeweckten Jungen wenig Abwechslung und Anregung. Da war eine herrschaftliche oder gar eine in der Nähe abgehaltene kurfürstliche Jagd ein großartiges, spannendes Ereignis. So wie später viele Jungen Lokomotivführer oder Piloten oder Fußballstars werden wollten, so war der Traumberuf vieler damaliger Jungen der des Jägers.

Scharfenstein bot die beste Vorbereitung auf diesen Beruf. Der Wald reichte bis in den Ort herein und zog sich weit an den Steilhängen der Zschopau hin und bis nach Hohndorf und die Hohe Straße hinauf, und jenseits begann der Bornwald, der in den Heinzewald überging. Ein hier aufwachsendes Kind wurde von klein an mit Gelände, Pflanze und Tier vertraut, lernte es, sich in dieser natürlichen Umgebung zu bewegen und zu beobachten.

Die Erzählungen der Großmutter mögen ein weiteres getan haben. Der Vater war nur ein Müllerbursche und Flickschuster. Der Großvater war ein geachteter herrschaftlicher Schütze gewesen, auf den der Enkel besonders stolz sein konnte. Müllerburschen, Waldarbeiter, Tagelöhner, Fuhrknechte, kleine Handwerker gab es genug. Herrschaftliche Jäger gab es nur einen weit und breit. Der Junge wollte wohl einmal in die Fußtapfen des Großvaters treten.

*

Über den vom Vater begangenen Diebstahl schweigt Stülper-Schönberg sich aus wie über alles Ehrenrührige, das seine Familie und seine näheren Freunde und Bekannten betrifft. Doch die Gerichtsbücher lügen nicht. Das Repertorium verzeichnet die Akte »Wider Johann Christoph Stilpner und Consorten ergangene Untersuchung wegen bei Georg Gottfried Zöllnern gestohlenen Leinöls«. Das war im Jahre 1769. Karl war gerade sieben Jahre alt.

Die Stülpner waren bisher rechtliche Leute gewesen. Ihr Name war in noch keinem Gerichtsbuch aufgetaucht. Was brachte den Vater dazu, sich an fremdem Eigentum zu vergreifen?

Es war die bittere Not. Leinöl war eigentlich kein Nahrungsmittel. Es wurde für verschiedene Gewerbe in der Ölmühle gepreßt. Es war Arm-Leute-Essen. Es war billig. Wer es nötig hatte, Leinöl zu stehlen, dem mußte es schlimm ergehen.

1769 herrschte wieder einmal Teuerung. Die Ernte hatte wenig Korn geschüttet. Die Kosten für den 1763 zu Ende gegangenen Siebenjährigen Krieg betrugen schätzungsweise 300 Millionen Taler für das Land Kursachsen. Als im Jahre 1768, fünf Jahre nach dem Friedensschluß zu Hubertusburg, Friedrich August III., der später den Beinamen der Gerechte erhielt, die Regierung als Achtzehnjähriger in Dresden antrat, übernahm er noch 40 Millionen Taler an Kriegsschulden. Die Schulden wurden nach unten verteilt. Wirtschaft und Handel erholten sich nur langsam. Im verhältnismäßig dicht besiedelten und landwirtschaftlich durch seine klimatischen und bodenmäßigen Bedingungen nicht gut gestellten Erzgebirge litten viele Familien große Not. Auch die Stülpner in Scharfenstein wußten kaum, wie sie die Steuern fürs Haus und die Abgaben an die Gutsherrschaft aufbringen sollten.

Doch die Not sollte noch viel größer werden...

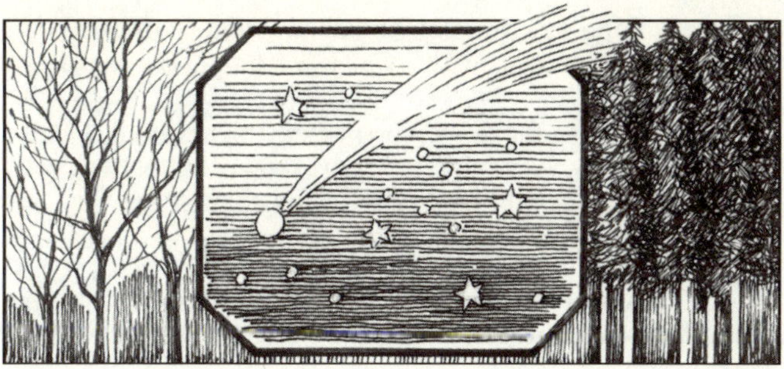

Der Tod fiel zu unseren Fenstern herein

»Wie lautet Ihr Name?« Der Gerichtsdirektor der Herrschaft Scharfenstein fragt es hinter seinem von Akten beladenen Tisch im Gerichtszimmer auf Schloß Scharfenstein hervor in strengem Ton. Neben ihm sitzen der Pächter des Schlosses und Rittergutes und der Ortsrichter. Vor dem Tisch stehen eine Frau von etwa 55 Jahren, ein junger Mann und ein halbwüchsiger Junge.

»Ich heiße Stilpner«, sagt die Frau, »Marie Sophie Stilpnerin.«

»Stilpner«, sagt der Direktor. »Der Name ist hier schon bekannt.«

Er blättert in den Akten zurück, bespricht sich flüsternd mit den Beisitzern.

»Ah – hier haben wir die Akte«, sagt er. »Wider Johann Christoph Stilpner und Consorten ergangene Untersuchung wegen... gestohlenen Leinöls! – Seid Ihr verwandt mit diesem –«

Er wendet sich wieder an die Frau.

»Er war mein Mann«, antwortet die Stülpnerin.

»Er war – ist er Ihr davongelaufen?«

»Er ist gestorben. Voriges Jahr. Gestorben ›am Menschenelend‹, wie der Herr Pastor es nennen.«

»Er wurde des Diebstahls überführt.«

»Er hat billiges Leinöl genommen und ist trotzdem verhungert. Ist das nicht Strafe genug?«

»Antwortet nur auf die Fragen! – Habt Ihr nichts aus Verurteilung Eures Mannes gelernt? – Ihr seid des Getreide- und des Fleischdiebstahls angeklagt, verübt auf dem herrschaftlichen Speicher. Ihr habt das herrschaftliche Vertrauen mißbraucht, als Ihr zu Arbeiten auf dem Speicher bestellt wart. Bekennt Ihr Euch schuldig?«

»Ich bekenne mich schuldig, vor Hunger und Not nicht

mehr ein noch aus gewußt zu haben, Herr Gerichtshalter. Ich hab' nicht mehr gewußt, was ich auf den Tisch bringen soll...«

»Wie ich höre, habt Ihr Euch nicht nur selbst des Diebstahls schuldig gemacht. Ihr habt Euren Schwiegersohn Gottfried Mehner und Euren halbwüchsigen Sohn Karl zur Beihilfe angestiftet. Wie alt ist Euer Sohn?«

»Mein Sohn Karl ist neun Jahre alt.«

»Schämt Ihr Euch nicht, Euer eigenes unschuldiges Kind zur Ausübung einer strafbaren Handlung zu verführen?«

»Ich hab' mich geschämt, mein eigenes unschuldiges Kind verhungern zu lassen, Herr Gerichtshalter. Ich hab' nicht mehr mit ansehen können, wie mein Junge jeden Tag magerer und magerer wird, wie seine Backen einfallen, wie er schwächer und schwächer wird. Aus Häcksel und Kleie und Gras hab' ich Suppe gekocht, Eicheln und Baumrinde und Wurzeln hab' ich gemahlen und verbacken. Ist das Nahrung für einen heranwachsenden Jungen? Seht selbst« – die Stülpnerin trat mit dem Jungen an den Richtertisch heran –, »seht selbst, der Junge ist nur noch Haut und Knochen! Hat er kein Recht, gesund aufzuwachsen und zu leben? Kann er dafür, daß sein Vater gestorben ist und seine Mutter kein Geld hat, das teure Brot zu kaufen?«

Der Gerichtshalter richtete den Blick auf den Jungen und wandte ihn ab. Es war, als ob er etwas wie Scham fühle. Verlegen blätterte er in den Akten.

»Mein Lebtag hab' ich mich nicht an fremdem Eigentum vergriffen, Herr Gerichtshalter. Ich stamme aus einer geachteten Familie. Es ist nicht meine Schuld, wenn ich zur Diebin geworden bin... Die Schande ist schon Strafe genug...«

Die Schultern der Stülpnerin zuckten, sie verbarg ihr Gesicht in den Händen. Ihr Junge schmiegte sich an sie und suchte sie leise zu trösten. Der Schwiegersohn stellte sich schützend vor beide.

»Ich war es, Herr Gerichtshalter«, sagte er. »Der Plan zu dem Diebstahl stammt von mir. Aber der Anstifter ist der schreckliche Hunger.«

»Wir werden bei der Urteilsfindung die Umstände bedenken«, sagte der Gerichtshalter sichtlich betroffen und schloß die Verhandlung.

Die Jahre 1771 und 1772 sind als schreckliche Hungerjahre in die sächsische Geschichte eingegangen. Besonders schlimm wirkten sie sich im Erzgebirge aus, wo das Land dichter besiedelt war, die Niederschläge höher, die Temperaturen niedriger, der Boden karger waren. Und wo die Bauern sich noch nicht recht mit dem Anbau der neuen Frucht, – dem Erdapfel, hatten anfreunden können. Die Kartoffel vertrug das erzgebirgische Klima und den Boden besser als das Getreide. Das Korn konnte auf dem Halm verfaulen, die Erdäpfel steckten in der Erde. Erst nach den grausamen Erfahrungen dieser Katastrophenjahre und nachdem die Pfarrer den Anbau von der Kanzel herab empfohlen hatten, hielt diese Frucht ihren eigentlichen Einzug in das arg gebeutelte Gebirge...

Die Wunden, die der Siebenjährige Krieg dem Sachsenland geschlagen hatte, waren noch längst nicht geheilt, die hohen Kriegsschulden noch längst nicht abgegolten, als neue Teuerung schwer das Land drückte. So auch 1769 wieder, als Vater Stülpner zum Leinöldieb wurde. In diesem Jahr aber kündigte sich noch weit Schlimmeres an. Ein Komet mit feurigem Schweif erschien am Himmel und versetzte die Menschen in Angst und Schrecken. Ein böses Zeichen, das zutreffen sollte.

Das Jahr 1770 begann mit Blitz und Donner, setzte sich im Frühjahr mit Frost und Schnee fort, ließ einen kalten und nassen Sommer folgen. Das Korn kann nicht reifen, es gibt eine schlechte Ernte. Teuerung folgt ihr auf dem Fuß. Die Getreidepreise steigen um das Drei-, gar Vierfache. Selbst bei normaler Ernte aber mußten die Bauern und Gärtner und Häusler im Gebirge sehen, wie sie mit den Vorräten über den Winter und bis zur nächsten Ernte reichten. Noch im Januar hatte ein Siebenpfund-Brot 26 Pfennig gekostet. Im Dezember mußte man dafür über vier Groschen bezahlen.

Und wieder folgt ein zu warmer Winter. Und ein zu kalter und regenreicher Sommer. Das kümmerliche Korn verfaulte ungereift auf dem Halm. Mißernte. Die Getreidepreise steigen um das Sieben-, um das Zehn-, um das Zwölffache.

Der Siebenpfünder kostet acht, zehn und mehr Groschen. Bald haben die Bäcker gar kein Mehl mehr zum Backen. Anfang des Jahres 1772 sperrt der Getreidelieferant Böhmen die Kornausfuhr nach Sachsen. Man hat Angst, die Not komme ins eigene Land.

Die ärmeren Leute haben längst ihre Habseligkeiten versetzt, verschleudert, sind zu Bettlern, Landstreichern, Dieben geworden. Sie können sich kein Brot mehr leisten. Sie essen Abfälle, Viehfütter, schließlich Baumrinde, Gras und anderes, das nicht für den menschlichen Magen bestimmt ist. Schwäche, faule Fieber, Seuchen, ansteckende Krankheiten sind die unmittelbare Folge. Bald hatten die noch Lebenden weder Geld noch Kraft, ihre Toten würdig zu begraben. Die Leichname wurden in alten Schränken oder Kisten in die Erde gesenkt. Viele Menschen suchten dem Hungertod im eigenen Dorf zu entfliehen und zogen fort, um auf der Landstraße und in fremden Orten von Schwäche, Krankheit, Tod eingeholt zu werden.

Und noch eine Mißernte kam über das Land. Aus Mangel an Saatgetreide waren viele Felder unbestellt geblieben. Kaum ein Tier stand noch im Stall. Anhaltender Sommerregen vernichtete die ohnehin klägliche Ernte.

Erst im Herbst ließen die Kornpreise wieder nach. In den benachbarten Ländern hatte es eine gute Ernte gegeben.

Nur langsam erholten sich Land und Leute. Groß war die Zahl der Opfer im Erzgebirge.

Im Sommer des Jahres 1771 bricht der Pfarrer zu Großolbersdorf die Eintragungen ins Sterberegister mit dem Vermerk ab: »Es sind keine Träger mehr aufzutreiben. Die Leichen werden vom Totengräber Christoph May mit dem Schubkarren gefahren...« Für die Jahre 1772 und 1773 fehlt jede Eintragung. Erst ab 1774 wird das Buch wieder geführt. Vermerkt wird lediglich die Gesamtzahl der Verstorbenen im Jahre 1772, sie beträgt 154 – gegen 35 Tote im Jahre 1771 und 21 im Jahre 1774.

Vater Stülpner ist mit größter Wahrscheinlichkeit den Hungerjahren zum Opfer gefallen. Sein Name findet sich in keinem späteren Sterberegister. Und Mutter Stülpner wird im Jahre 1774 als Witwe bezeichnet.

Wahrscheinlich ist auch der älteste Stülpner-Sohn, Carl Christoph, den Hunger- oder Seuchentod gestorben. Auch sein Name taucht in den Sterberegistern nicht auf. – Hätten die Dokumente recht, so wären Vater und Bruder Stülpner noch am Leben...

Mutter Stülpner war auf sich gestellt. Sie selbst war Mitte der Fünfzig. Sie hatte keine Einnahmen, zumindest keine erheblichen. Spinnen, Klöppeln und andere Hand- und Heimarbeiten brachten sehr wenig Geld ein. Es reichte nicht, das Hauswesen, die Steuern und Abgaben zu bezahlen. Es reichte nicht, in einer schweren Teuerungszeit die Familie zu unterhalten. Die beiden großen Töchter hatten – »in der Stille«, also ohne Aufwand, weil das erste Kind unterwegs war und weil man kein Geld hatte – geheiratet und waren mit der eigenen Familie beschäftigt. Die greise Mutter der Stülpnerin mußte betreut, die noch nicht auf eigenen Beinen stehenden Kinder mußten versorgt werden. Es sah aussichtslos aus im Stülpner-Häusel in Scharfenstein.

Zum Fronen mußte die Stülpnerin auf die Burg hinauf, um Speicherarbeiten zu verrichten. Da lagen die reichen Vorräte an Lebensmitteln. Die Herrschaften würden nicht hungern müssen, wenn man ein Geringes davon nahm. Hatten die eigenen Kinder kein Recht zu leben?

Die Gerichtsbücher dieser Jahre berichten von Tätlichkeiten der Bevölkerung, von kleineren Diebereien und ähnlichen Delikten. Die eigentlichen Verbrechen, Raub, Mord und Totschlag, Bereicherung durch Wucher und Betrug, bleiben weitgehend unbekannt, unaufgeklärt, ungesühnt. Ist die Stülpnerin eine Diebin? Ihr Name steht für immer in den Scharfensteiner Gerichtsakten verzeichnet: »Bericht über die auf dem hiesigen Schlosse von Marien Sophien Stilpnerin, ihrem Söhnchen und Schwiegersohn Gottfried Mehnern begangene Fleisch- und Getreidedeube.«

In Ermangelung größerer Fälle hielten die Gerichtsbeamten sich an die kleinen. Daran zeigten sie, was sie konnten. Und daß sie ihr Gehalt nicht umsonst bekamen.

Zum ersten Mal wird hier auch Stülpner selbst in einer Gerichtsakte genannt. Er kam sehr früh mit dem Gesetz in Konflikt. Oder wurde mit dem Gesetz in Konflikt gebracht.

Wer auf diesen Weg geraten war, vermochte ihn kaum je wieder zu verlassen...

Förster, eile zu dem Wald

Die Septembersonne geht mild über den Marienberger Forsten auf. Hornsignale erklingen, Rufe ertönen. Pferde stampfen und wiehern. Jäger reiten durch den Wald. Vom Boden am Wachtfeuer erheben sich Bauern, noch schlaftrunken und fröstelnd. Hunde bellen in den Koppeln. Die Pferde in den Unterständen werden gefüttert. Zwischen den Bäumen sind übermannshohe Tücher und Netze gespannt. Ab und zu wölbt sich ein Tuch nach außen: verzweifeltes Wild will aus dem Zwangtreiben ausbrechen. Doch die geknüpften und gewebten Mauern der Jäger halten fest. Hinter ihnen schreien Hirsche und Tiere, grunzen Wildschweine.

Der Jägermeister umreitet das von Jägern und Frönern dicht umstellte Treiben. Er gibt Befehl, das Wild aus dem Zwang in die mit straffem Zeug und hohen Netzen umstellte Kammer zu drücken. Jagdknechte lüpfen die trennenden Tücher und bringen sich vor dem in die Kammer drängenden Wild in Sicherheit. Jäger postieren sich an den auf- und zuziehbaren Quertüchern, die die Kammer vom Lauf trennen. Der Lauf, ein kreisrunder gerodeter und geebneter Platz, wird noch einmal auf Geheiß des Jägermeisters gesichert. In der Mitte des Laufs erhebt sich der Schirm, ein holzgezimmerter Pavillon mit Galerie, farbenprächtig angestrichen und mit grünem Reisig und bunten Girlanden geschmückt. Auf einen Wink des Jägermeisters nehmen Jäger Aufstellung vor dem Schirm. Sie tragen die schmucke, reich bordierte Livree der sächsischen Hofjägerei, an der Seite hängt ihnen der Hirschfänger, Sie halten die Hörner zum Blasen bereit. Hinter dem Schirm nimmt eine Musikkapelle aus Marienberg auf Feldstühlen Platz.

In die Reihen der außerhalb des Laufes und der Kammer stehenden Jäger, Jagdknechte und Fröner kommt Bewegung. Auf Befehl der umreitenden Hofjäger bilden sie einen dichten Ring um das aufgespannte Zeug. Die Jagdknechte spannen die nachtfeuchten Tücher nach.

Auf der frisch gehauenen Zufahrt rollen nun die kurfürstlichen Jagdwagen, von reitenden Jägern flankiert, heran. Das Begrüßungssignal ertönt. Unter dem Klang der Jagdhörner steigen die durchlauchtigsten Herrschaften aus den Wagen, der Kurfürst nebst seiner Gemahlin, hohe Gäste und Beamte, Kammerherren und Dienerschaft. Die Musikkapelle setzt ein, die hohen Herrschaften werden durch eine Zugöffnung feierlich zum Schirm geleitet, nehmen hinter ihm Platz. Hinter ihnen postieren sich die herrschaftlichen Büchsenspanner.

Der Kurfürst gibt dem untertänig wartenden Jägermeister das Zeichen zum Beginn, dieser bedeutet den Hornbläsern, das Signal zu geben. Jäger ziehen die Trenntücher zwischen Lauf und Kammer auf. Hunde hetzen einen Schwung des in der Kammer dicht zusammengedrängten Wildes in den Lauf. Hinter dem Wild werden die Tücher zugezogen. Das Wild scheut vor dem bunten Schirm, den Menschen. Die Tiere bäumen sich auf, wollen zurückdrängen, springen gegen die Netze, flüchten um den Lauf, jagen irritiert, angstvoll hin und her.

Der Kurfürst hat den ersten Schuß abgegeben. Nun folgt Knall auf Knall. Tiere springen in die Luft, brechen zusammen, bleiben am Boden liegen, der sich rot färbt. Verwundetes Wild schreit, schleppt sich am Boden hin, windet sich vor Schmerzen, zuckt im Todeskampf, bäumt sich ein letztes Mal auf. Verzweifelt sucht ein Hirsch, eine Sau auszubrechen, das Tuch zu überspringen, sich unter ihm durchzuwühlen. Doch das Menschenwerk hält fest. Hirsche, Tiere, Kälber, Rehe, Wildschweine liegen durcheinander am Boden. Anderes Wild hat noch eine Gnadenfrist. Doch geben die Büchsen eine Verschnaufpause, hetzen die Hunde das Wild um den Schirm. Einer der Jagdhunde sinkt getroffen zu Boden, als die Schießerei weitergeht. Büchsenrauch liegt über dem Boden, nimmt die Sicht. Tiere schreien, Jäger rufen, Hunde bellen, die Büchsen knallen, der Lärm ist ohrenbetäubend. Es riecht nach Schweiß, nach Wild, nach Pulverdampf. Erneut wird das Quernetz geöffnet, der nächste Schub Wild wird hereingehetzt. Die Büchsenspanner kommen kaum nach mit Laden. Die hohen Herren rufen einander zu, vom Jagdfieber gepackt, sie schießen wild in das Treiben der Tiere. Die vornehmen Damen, vom Vergnügen der Herren angesteckt, schreien von Zeit zu Zeit auf, machen die Herren auf einen besonders starken Hirsch aufmerksam, klatschen und jubeln, wenn er fällt. Der Laufplatz ist von verendeten und schwer verwundeten Tierleibern bedeckt. Der Geruch wird unerträglich. Eine der Damen ist ohnmächtig geworden, der Leibarzt des Kurfürsten mit seinen Gehilfen bemüht sich um sie.

Der Kurfürst gibt Befehl, die Quertücher zu schließen. Er ist mit der Jagd für heute zufrieden. Die Jagdknechte werden angewiesen, dem angeschossenen Wild den Fang zu geben. Einem Vierzehnender gibt der Kurfürst eigenhändig den Gnadenschuß. Die Knechte beginnen die Strecke zu legen. Der Boden des Laufplatzes ist zerstampft und rot gefärbt. Den Herrschaften tränen vom Pulverdampf die Augen. Einer weiteren Dame ist es übel geworden. So geht es Tag für Tag. Die Strecke wird länger und länger. Der Kurfürst erkundigt sich beim Jägermeister, wie groß schätzungsweise die Strecke sei und wieviel Wild sich noch in der Kammer befinde. Großmütig schenkt er dem verbleibenden Rest Leben und Freiheit. Die Knechte jagen die Tiere in das Zwangtreiben zurück und in den Wald. Die Jagd ist beendet. Der Kurfürst lädt zum Bankett im großen Zelt, das außerhalb des Laufs errichtet wurde. Die Musiker spielen. Jäger tragen die Speisen und Getränke auf. Die Waage wird indessen herangefahren, das Wild wird gewogen und registriert. Das Wild wird aufgebrochen, zerwirkt, zerlegt. Das meiste Wildbret wird eingesalzen in Fässer getan. Ein Teil geht an die Förster und die Honoratioren der Städte Marienberg und Wolkenstein als Dank des Jagdherrn für die Unterstützung bei der Vorbereitung der Jagd. Die vielen Fröner, die das Zeug heranfuhren, die das Wild zusammentrieben, währenddessen die Arbeit in der eigenen Wirtschaft liegenblieb, gehen leer aus.

Der Jägermeister meldet dem Kurfürsten die Strecke: »44 Hirsche: einer von 14, drei von zwölf, acht von zehn, vierzehn von acht und neun von sechs Enden, ein Gabelhirsch und acht Spießhirsche, 26 Stück Wild, sechs Schmaltiere, elf Wildkälber, fünf Rehböcke, acht Rehe, zwei Rehkälber, zwei Keiler, eine Bache, einen heurigen Frischling, einen Hasen, einen Auerhahn, vier Füchse – summa summarum: 112 Stück. Der Hirsch von vierzehn

Enden wiegt 450 Pfund.« Der Kurfürst ist es zufrieden und spricht seinen weidmännischen Dank aus.

Die hochherrschaftliche Jagdgesellschaft besteigt die Jagdwagen und Pferde und verläßt den Schauplatz der Hofjagd. Für die Förster, Knechte und Fröner ist die Arbeit jedoch noch längst nicht zu Ende. Das Wildbret muß auf die Wagen verladen und abgefahren, das Zeug muß abgenommen und verpackt und ins Zeughaus abtransportiert werden. Die Förster aus der Umgegend beaufsichtigten diese Dienste. Unter ihnen befand sich der Forstadjunkt Müller aus der Bergstadt Ehrenfriedersdorf.

Nach getaner Arbeit erstattete er dem Jägermeister Bericht und meldete sich ab. Suchend sah er sich um. Da kletterte der Junge von einem der Bäume, die dicht am Lauf standen, herab. Der Junge hatte, gewissermaßen als Adjunkt des Adjunkten, an der Jagd teilnehmen dürfen. Er war Müller zur Hand gegangen und hatte sich in allen jagdlichen Dingen als höchst wißbegierig und erstaunlich anstellig erwiesen. Die Jagd selbst hatte der etwa Zehnjährige von einem Baum aus über das aufgespannte Zeug hinweg beobachtet. Nun trat der Junge zu ihm und fragte: »War das eine gerechte Jagd, Oheim?«

Müller sah den Jungen an. »Was du für Fragen stellst, Junge«, sagte er. »Es war eine Hofjagd. Eine Kesseljagd, wie sie im Buche steht. So wird es schon seit Menschengedenken gehalten.«

»Aber das Wild wurde gar nicht gejagt!« sagte der Junge. »Und die Jäger, die waren eigentlich keine Jäger. Sie haben das Wild nur zusammengetrieben, damit es von den Herrschaften abgeknallt werden konnte!«

»Das darfst du nicht denken, Karl! Es ist das Vorrecht des Kurfürsten, solche Jagden abzuhalten!«

Für sich aber fügte Förster Müller das alte Sprichwort hinzu: »Wahrlich, es ist nicht jeder ein Jäger, der einen grünen Rock trägt...«

Der Junge aber sagte vor sich hin, was er im »Geheimen Jäger-Cabinet«, welches Buch bei seinem Oheim auf dem Bord stand, gelesen hatte: »Insgemein wird zu einem vollkommenen Jäger erfordert, daß er sey ein junger, munterer, wackerer Mann: Item behend, behertzt, frölich, unverdrossen und arbeitsam...«

Etwa drei Kilometer südlich von Marienberg, am Reiterberg, an der alten Paßstraße und heutigen Bundesstraße 174, die über Reitzenhain und Komotau weiter als Europastraße nach Prag und Wien führt, steht eine sogenannte Jagdsäule. Dieser Gedenkstein von quadratischem Grundriß erinnert, wie die Inschriften verraten, an das »Kessel und Koup Jagen«, das »Sr. Churfürstl. Durchl. zu Sachsen Herr Friedrich August nebst Höchst Derselben Frau Gemahlin Amalia Augusta Durchl. und der verwitweten Frau Churfürstin zu Sachsen Maria Antonia Königl. Hoheit als Sr. Churfürstl. Durchl. Mutter... Anno 1773, vom 2. bis zum 11. September... allhier gehalten« haben. Auf den weiteren Seiten der Säule sind das geschossene Wild und die Namen der für die Jagd verantwortlichen Forstbeamten aufgeführt, darunter der Forstadjunkt C. C. Müller aus Ehrenfriedersdorf.

Der Überlieferung nach hat der junge Karl Stülpner sich in der Zeit von 1772 bis 1774 bei diesem Förster Müller in Ehrenfriedersdorf aufgehalten. »Mit dem Eintritte seines 10. Lebensjahres nahm ihn ein Anverwandter, der Förster Müller aus Ehrenfriedersdorf, zu sich...«, schreibt der Biograph Schönberg.

Einen Beleg dafür, daß der halbwüchsige Stülpner als Begleiter des Försters an der kurfürstlichen Jagd in den Marienberger Wäldern teilgenommen hat, gibt es nicht. Doch auch die Hunderte von Bauern, Häuslern, Tagelöhnern, die als Fuhrleute, Treiber und Helfer zum Gelingen der Jagd beitrugen, sind mit keinem Wort auf der Jagdsäule oder in den Hofberichten erwähnt.

Die Teilnahme ist wahrscheinlich. Schönberg schreibt, daß der junge Stülpner im Försterhaus sich in allen ihm übertragenen Besorgungen als zuverlässig und anstellig erwies. Der Junge war von klein auf für alles Weidmännische ungemein interessiert. Er wird den Förster gebeten haben, ihn zur Jagd mitzunehmen. Und der Förster konnte einen Helfer wohl gebrauchen.

Der Grund für den Aufenthalt des halbwüchsigen Stülpner im von Scharfenstein etwa zehn Kilometer entfernten Ehrenfriedersdorf ist wohl in den Auswirkungen zu suchen, die die schreckliche Hungersnot in den Jahren 1771 bis 1772 auf die Stülpner-Familie hatte.

Der Förster Müller hat den Jungen vielleicht zu sich genommen, weil die Mutter nicht mehr wußte, wie sie den Heranwachsenden vor dem Hungertod bewahren sollte. »Der Tod fiel zu unseren Fenstern herein«, schrieb ein Pfarrer in dieser Zeit. Und der Großolbersdorfer Pastor brach aus Verzweiflung über das furchtbare Sterben die Eintragungen ins Totenregister für lange Zeit ab.

Womöglich aber war bei der Aufnahme des Jungen ins Ehrenfriedersdorfer Försterhaus auch daran gedacht, diesem eine straffere Erziehung angedeihen zu lassen. Womöglich geschah dies gar auf Veranlassung der Gerichtsbehörde, die das »Söhnlein« dem schädlichen Einfluß der Mutter entziehen wollte. Sie hatte den Jungen bei ihrer kriminellen Tat als Helfer herangezogen. Als sicher ist anzunehmen, daß sie des Heranwachsenden kaum noch Herr zu werden vermochte. Er wird sich mit anderen Halbwüchsigen herumgetrieben haben und in der ständigen Gefahr gewesen sein, weitere Diebstähle oder Schlimmeres zu begehen. Tätlichkeiten, Diebstahl, Raub und Mord nahmen infolge der Teuerung und der Hungersnot erschreckend zu. Vielleicht hat auch die Stülpnerin selbst nach einer Möglichkeit gesucht, den Jungen besser unterzubringen. Eine verwandtschaftliche Beziehung zwischen der Stülpner-Familie und dem Ehrenfriedersdorfer Förster ist allerdings nicht nachzuweisen. Vielleicht ging die Bekannt- oder Freundschaft auf frühere Beziehungen zurück. Der Vater der Stülpnerin war herrschaftlicher Jäger auf Scharfenstein gewesen. Oder die Maßnahme geht eben auf Vermittlung der Behörden zurück. Schriftliches darüber ist nicht aufzufinden.

Jedenfalls ließ sich die Sache sehr gut an. Der Junge machte sich. Schönberg schreibt, daß ihm im Försterhaus »außer seinen Schulstunden vorzüglich die Besorgung des Vogelheerdes und andere dergleichen Dinge aufgetragen« wurden, »welchen Verrichtungen er sich stets mit der größten Sorgfalt und Treue unterzog.«

Das hieß nichts anderes, als daß der junge Stülpner das Weidmannshandwerk von der Pike auf erlernte. Das kam seinen Neigungen, seiner Herkunft, seinen bisherigen Erfahrungen nur entgegen. Er versah den Vogelherd, fertigte und legte Dohnen und Ruten, stellte Leim her, er errichtete Salzlecken und -säulen für das Rehwild, körnte das Schwarzwild an, er lernte das regelrechte Anpirschen und Bestätigen des Wildes, das Abrichten und Führen der Hunde, er lernte das Lesen der Fährten, das Erkennen der Zeichen des Hirsches, er erlernte die Weidmannssprache, die jägerischen Regeln und Sprüche und Weisheiten, die »Geheimen Jagdkünste«, die Schon- und Jagdzeiten. Er, der sonst nichts mit Bücherkram im Sinn hatte, setzte sich am

Abend auf den Hosenboden und las in »Des Edlen Weydmanns Geheimes Jäger-Cabinet«, in »Jäger-Practica oder Der wohlgeübte und erfahrene Jäger«, in »Der Edle Hirschgerechte Jäger« und in den anderen weidmännischen Schriften und Schwarten, die der Förster auf seinem Wandbord stehen hatte. Der Förster wird sich über den Fleiß, die Zuverlässigkeit, die Anstelligkeit und Wißbegierde gefreut haben, auch stolz darauf gewesen sein. Es wird ihm Spaß gemacht haben, mit solchem Zögling auf die Pirsch zu gehen.

Nur eines hatte er seinem »Adjunkten« strengstens untersagt: ein Gewehr auch nur anzurühren...

Es wollt ein Jägerlein jagen

Der Schuß kracht. Der Rehbock wirft das Gehörn in den Nacken, setzt zum flüchtenden Sprung an – und bricht zusammen. Ein Meisterschuß!

Doch der Schütze, der aus dem Fichtendickicht auf die Wiese tritt, ist kein ausgewachsener Jäger. Es ist ein langaufgeschossener, schmächtiger Junge von elf, zwölf Jahren. Vorschriftsmäßig fängt er den Bock ab. Stolz betrachtet er seine Beute. Es ist ein starker Sechser. Das Gehörn ist regelmäßig gewachsen, das Fell glänzt. Unter ihm zeichnen sich die kräftigen Muskeln ab.

Der Junge muß daran denken, wie er den Bock an manchem schönen Abend zum Äsen auf die Wiese hat treten sehen, wie er seine Lauscher spielen ließ, sicherte, den Sprung nachtreten ließ. Der Junge hatte beobachtet, wie der Bock zur Blattzeit den gefährlichen Spießer aus dem Nachbarrevier annahm, wie er einen hinterhältigen Stoß in die Flanke empfing, jedoch mit blitzschneller Wendung den Gegner frontal anging, auf die Knie zwang und vertrieb. Die Narbe von dem Dolchstoß ist noch zu sehen als struppiger Strich im glatten Fell. Doch nun rinnt der Schweiß, sickert das Leben aus dem Fangstich und färbt den Wiesengrund rot.

Der junge Schütze schlägt den Blick vor den gebrochenen Lichtern des Wildes nieder... Doch dann entsinnt er sich des Auftrags, den er übernommen hat. Er nimmt die Läufe des Bockes zusammen und versucht ihn aufzuheben. Doch so sehr er sich auch abmüht, es gelingt ihm nicht. So schleift er die Beute ins Dickicht, deckt sie mit Farnkraut und grünen Zweigen zu und eilt hinüber zum Holzabfuhrweg, rennt ihn entlang zum Schlagplatz, bittet einen der Fäller, ihm den Bock zum Försterhaus zu tragen. Der Mann folgt dem Jungen. Ihm fällt ein, daß der Förster für ein paar Tage über Land gegangen ist – wer also habe denn den Bock geschossen, fragt er den Jungen, ob es etwa ein gewilderter sei, den der Junge gefunden habe?

Der Mann will kaum glauben, daß der Junge aus dem Forsthaus der Schütze war. Doch er sieht ja an Gewehr und Messer, daß es wahr sein muß. »Das Schießen ist wohl leichter für dich als das Tragen«, sagt der Holzfäller kopfschüttelnd. Da es sich um eine herrschaftliche Bestellung handelt, trägt er dem schwachen Schützen die Beute. Stolz schreitet der mit geschulterter Waffe hinterher...

Der junge Schütze kann die Heimkehr des Försters kaum erwarten. Als dieser dann noch am selben Abend eintrifft, will der Junge ihm stolz und begeistert von seinem gelungenen Jägerstück berichten. Doch sobald der Förster begriffen hat, was geschehen ist, unterbricht er den Jungen. Er sieht nicht die außerordentliche Situation des plötzlich eintreffenden dringenden herrschaftlichen Lieferauftrags, er sieht nicht den eifrigen Willen des Jungen, ihn, den abwesenden Förster, zu vertreten, noch will er etwas von der weidmännischen Leistung seines Zöglings wissen. Er sieht nur, daß der Junge sein strenges Verbot, eine Waffe anzurühren, mißachtet hat. »Dem Jäger ist die Flinte kein Spielzeug!« ruft er in aufflammendem Jähzorn. »Wie oft hab' ich dir das gesagt!« Und er verweist auf den Spruch an der Wand:

»Jagen, Fischen, Vogelstellen,
Verderben manchen guten Gesellen.«

Der Förster greift nach dem Ochsenziemer, um seinen ungehorsamen Zögling zu züchtigen. »Ist das der Dank dafür, daß ich dich in meinem Haus aufgenommen habe, als deine Mutter dich nicht mehr sattbekam und deiner nicht mehr Herr wurde!« schreit der Förster den Jungen an.

Zum Glück hat der Förster einen Gast mitgebracht, seinen Amtskollegen aus Stollberg. Ihm gelingt es, den Wütenden zu besänftigen. Anstatt seinen gelehrigen Schüler zu bestrafen, könne er doch stolz auf ihn sein, sagt der Kollege. Es sei doch ein Bravourstück von dem Jungen, das zeuge von der meisterhaften Ausbildung, die er hier genossen habe. Und er möge doch dankbar dafür sein, daß ihn sein Gehilfe der Mühe enthoben habe, diesen Abend selber noch auf die Pirsch zu gehen.

Den jungen Meisterschützen aber lobte er für die Bravour, mit der er den Auftrag erledigt habe, und er bat diesen, den Hergang genau zu erzählen. Danach erteilte er als erfahrener Weidmann dem jüngeren »Kollegen«, wie er ihn nannte, Ratschläge zur Handhabung des Gewehrs und zum Verhalten des Wildes und beschenkte ihn gar noch mit einem Gulden.

Am Ende wollte der Forstmann den Namen des jungen Jägers wissen.

»Ich bin der Stülpner Karl aus Scharfenstein«, sagte der Junge.

»Den Namen werde ich mir merken«, sagte der Förster. »Du kannst einmal ein ganz großer Jäger werden.«

*

Sicher ist, daß er in frühem Alter angefangen hat. Irgendwann, irgendwo hat er seinen ersten Bock geschossen. Und als er das tat, mußte er bereits die nötigen Erfahrungen gesammelt haben, um es tun zu können.

Biograph Schönberg schreibt, Stülpner sei bereits in sehr jungen Jahren »von einem unwiderstehlichen Drange, Thiere zu erlegen, gleichsam hingerissen« worden. »Vorzüglich hatte er damals sein Augenmerk auf Eichhörnchen, Noßer (»Nusser« nennt man noch heute in der Stülpner-Gegend die Eichelhäher – d. V.), Sperlinge usw. gerichtet, wozu die so dicht mit Waldungen umgebene Lage von Scharfenstein, wo dergleichen Gegenstände täglich seinen jagdlustigen Augen begegneten, sehr viel beitrug.«

Bis zum Jahre 1774 soll Karl im Ehrenfriedersdorfer Försterhaus gelebt haben. Im Laufe dieses Jahres verliert daheim in Scharfenstein die Stülpner-Mutter Haus und Grundstück. Infolge der Teuerungs- und Hungerjahre konnte sie die Steuern und Auflagen nicht mehr aufbringen. Zuerst mußte das Stückchen Wald verkauft werden. Dann kam das baufällige Häusel unter den Hammer.

Schönberg schreibt, der Zwölfjährige sei »auf dringendes Verlangen seiner Mutter wieder zu ihr nach Scharfenstein« zurückgekehrt. Doch wozu brauchte sie ihn? Schönberg schreibt selbst, der Junge habe sich, wieder bei der Mutter, sein Brot und später seinen Konfirmationsanzug selber verdienen müssen. Er habe im Winter mit dem Schlitten Holz an die Zschopau gerückt und täglich acht Groschen verdient. Die Mutter konnte er also nicht unterstützen. Hierzu waren auch ältere Kinder der Stülpnerin da. Und was konnte die Mutter ihm zu Hause bieten? Die

Schule lag fast eine Wegstunde entfernt in Großolbersdorf. In Ehrenfriedersdorf dagegen befand die Schule, eine besser ausgestattete Stadtschule, sich im Ort, der Besuch war immer möglich.

Es sieht wohl eher danach aus, daß der Förster ihn zur Mutter zurückgeschickt hat. Der Junge hatte doch Blut geleckt. Es wird nicht bei dem ersten Bock geblieben sein, den er schoß. Und er wird nicht mehr erst auf eine herrschaftliche Bestellung gewartet haben...

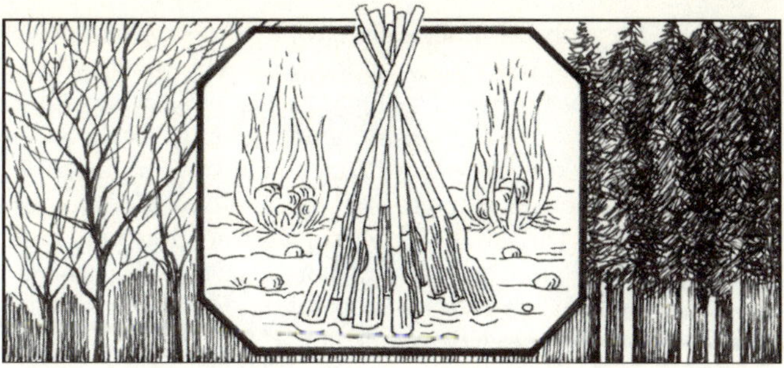

Setzt zusammen die Gewehre

Es ist Krieg. Geschosse fliegen durch die Luft. Hin und her. Kreuz und quer. Doch es sind keine Kugeln aus tödlichem Blei. Und die Schützen, sie lachen. Und die Getroffenen mit ihnen. Man könnte meinen, es seien Kinder, die einander mit Erdäpfeln und ihren grünen Fruchtkugeln bewerfen. Doch es sind Soldaten in voller Montur. Auf der einen Seite Sachsen und Preußen. Auf der anderen ihre Erzfeinde, die Österreicher, die Kaiserlichen. Sie sind hier in Böhmen einmarschiert, um einander gegenseitig umzubringen, auf Befehl ihrer Offiziere. Doch nun herrscht Waffenruhe. Man sieht die Gesichter der Feinde. Und die sehen gar nicht feindlich aus. Sie sehen aus wie die der eigenen Kameraden, wie das eigene, wenn man sich in der Spiegelscherbe rasiert.

Zwischen den Lagern ziehen sich Äcker hin. Erdäpfeläcker. Irgendeiner zieht einen Stock, aus bäuerlicher Neugier oder aus Langeweile. Die böhmischen Erdäpfel sind schon reif. Man brät sie im Feldfeuer – eine Delikatesse, eine willkommene Abwechslung bei der eintönigen Kommißkost. Das Beispiel macht Schule. Hüben und drüben werden böhmische Kartoffeln gebraten und verzehrt. Eine Zeile nach der anderen wird geerntet. Zeile für Zeile rücken die Gegner einander näher. Bis sie einander in die Haare geraten. Doch ohne Gewehre. Die Früchte werden zur Munition. Man setzt einander mit den matschigen grünen Kugeln, auch mal einer Knolle unter Beschuß. Man lacht miteinander, wenn man getroffen hat und getroffen wird. In Böhmen tobt der Kartoffelkrieg.

Auf sächsisch-preußischer Seite »kämpft« ein lang aufgeschossener, schmächtiger, doch zäher sechzehnjähriger Bub. Er trifft mit jeder »Kugel«, er heimst für die Kameraden und für sich die meisten Knollen ein. Dann sieht er einen Hasen über den Acker hoppeln. Er läßt die harmlose Munition fallen und eilt hinüber ins Lager. Dort sind die Gewehre zu Pyramiden zusammengestellt. Er greift sich eins. Besorgt sich scharfe Munition, macht sich schußfertig. Macht sich seitlich davon, wo sich Felder hindehnen, durchwachsen von kleineren und größeren Büschen und Wäldchen. Und am Abend dreht sich ein saftiger Hasenbraten am Spieß im Lager der Sachsen vom Regiment »Prinz Maximilian«, in der Kompanie von Hauptmann Connermann. Den Nachbarmannschaften läuft das Wasser im Mund zusammen. Sie beneiden die Chemnitzer und Erzgebirger um ihren Kompaniejäger. Nun gibt dieser Stülpner sich gar nicht mehr mit der Fechterei um die Kartoffeln ab. Die besorgt das Fußvolk, das ist nichts mehr für ihn. Er kann so viel Erdäpfel kriegen, wie er will, braucht nur mit einem Stück Wildbret zu winken. Bei allen hat der Troßbub bald einen Stein im Brett. Hauptmann Connermann, ein passionierter Jäger, hat ihn geradezu ins Herz geschlossen. Der zehn Jahre ältere Musketier Rebentrost hat ihn von Anfang an unter seine Fittiche genommen, ihm das ABC des Soldatseins beigebracht. Durch seine Kameradschaftlichkeit, seine Anstelligkeit, seine Zähigkeit und Ordnungsliebe, vor allem aber durch seine Schieß- und Jägerkünste hat der Rekrut sich alsbald bei jedem alten Kompanieveteranen Respekt verschafft.

Und Trainsoldat Stülpner selber? Seinetwegen könnte der Kartoffelkrieg ewig dauern.

*

Am 30. Dezember 1777 war der Kurfürst Maximilian Joseph von Bayern gestorben. Er hinterließ keine Kinder. So trat das komplizierte deutsche Fürstenerbrecht in Kraft. Oder auch nicht. Joseph II., Sohn und Mitregent der Kaiserin Maria Theresia, wollte die gute Pfründe Bayern an sich reißen. Im Juni 1778 läßt er seine Truppen im Nachbarland einmarschieren und einen Teil besetzen. Das paßt nun Friedrich II. von Preußen gar nicht, er gönnt dem alten Rivalen Österreich den fetten Happen und den Machtzuwachs nicht. So fällt es ihm nicht schwer, der Aufforderung des sächsischen Kurfürsten, gegen den Habsburger vorzugehen, Folge zu leisten. Sachsen hat gerechtere Ansprüche auf Bayern, die Mutter des Kurfürsten ist eine Schwester des verstorbenen bayrischen Landesherrn. Eine große preußische Armee rückt unter Anführung des Königs in Böhmen ein. Eine zweite unter dem Oberkommando seines Bruders, des Prinzen Heinrich, bricht nach Sachsen auf, vereinigt sich mit den sächsischen Truppen. Die vereinigte preußisch-sächsische Heeresmacht rückt durch die Oberlausitz nach Böhmen vor und steht dort den Österreichern gegenüber.

Der fünfzehnjährige Stülpner war dabei. Das in Chemnitz und in erzgebirgischen Städten stationierte Regiment »Prinz Maximilian« brauchte – wieder einmal – dringend Soldaten, um voll marschfähig zu sein. Kommandos wurden durch die erzgebirgischen Ortschaften geschickt, um mit Hilfe der Lokalbehörden die nötigen Aushebungen vorzunehmen. Auch an Hilfskräften für den Train fehlte es. Vielleicht hat der Scharfensteiner Gerichtshalter oder der Ortsrichter den jungen Stülpner für die Rekrutierung empfohlen. Stülpner stand in keiner Handwerks- oder Gewerbelehre, ging Gelegenheitsarbeiten nach, lungerte herum, ja er stand in dem Verdacht, mit anderen zwielichtigen Kerlen zu wildern oder andere verbotene Dinge zu treiben. Womöglich hat Stülpner aber sich auch selber zum Troß gemeldet. Was bot ihm das Leben in dem engen, abgelegenen Scharfenstein? Jeder sah dem anderen auf die Finger, kaum etwas blieb verborgen. Immer wieder begegnete man denselben Leuten. Die Arbeiten, die sich ihm zum Unterhalt boten, waren eintönig und erniedrigend schlecht bezahlt. Das anzuwenden und auszuführen, was er am besten konnte, schießen und jagen, war nur verbotenerweise möglich. Es sei denn, man ging zu den Soldaten...

Der Abschied von der Mutter freilich fiel ihm schwer. Und sie würde ihn nicht als Freiwilligen gehen gelassen haben. Vielleicht gab es hier eine Übereinstimmung von Zwang und Freiwilligkeit...

Und das Soldatenleben enttäuschte ihn nicht. Hier konnte er viel eher zeigen, was in ihm steckte. Hier lernte er gute Kameraden und Vorgesetzte kennen. Hier konnte er mit Gewehren umgehen und sogar jagen.

Er war eher enttäuscht darüber, daß der Krieg ohne weitere Feldzüge und Abenteuer nach kurzer Zeit zu Ende ging. Welch seltener Fall in der Geschichte – die beteiligten Mächte einigten sich friedlich, die Diplomaten, nicht die Waffen hatten dieses Mal das Sagen. Nach einjähriger Dauer wurde der Bayrische Erbfolgekrieg, von den Soldaten nur der Kartoffelkrieg genannt, ohne daß es zu einer größeren Schlacht gekommen war, durch den Friedensschluß zu Teschen am 13. Mai 1779 beendet.

Die Mutter mußte Stülpner mehrmals durch Boten auffordern, nach Scharfenstein zurückzukehren, und sich schließlich selber auf den Weg nach Dresden in die Garnison machen und bei seinem Rittmeister um seine Freistellung ersuchen, um ihn endlich nach Hause holen zu können.

Er sollte nicht lange bleiben...

Der König von Sachsen hat es selber gesagt...

Scharrende Schritte von Zweckenschuhen, Gepoltere im Hausflur, ein Gewehrkolben stößt gegen die Stubentür, ein Fußtritt öffnet sie. Drei Männer treten ein, in weißer Montur mit strohgelben Aufschlägen und roter Halsbinde, in vollem Gewehr und Gewaff.

Stülpner blickt auf. Er sitzt am Tisch, dabei, seine Büchse und seine Jagdsachen für einen nächtlichen Pirschgang fertigzumachen. Die schußfertige Büchse, der frisch geschliffene Hirschfänger liegen in Griffnähe vor ihm. Die noch kaum verheilte Wunde auf seiner Stirn droht wieder aufzubrechen, schwillt rot an. Sie stammt von einem Schuß aus der Schrotflinte, die ein Förster auf ihn abgab, als er unlängst mit seinen Gesellen oben am Bornwald ein Stück Wildbret am offenen Feuer briet und verzehrte.

Die Mutter ist von der Ofenbank hochgeschreckt, auf der sie sich zu einem Nickerchen niedergelassen hat.

»Mein Gott«, sagt sie, »jetzt ist es soweit. Jetzt holen sie mir meinen Jüngsten wieder zu den Soldaten! Und dieses Mal für immer.«

»Reg dich nicht auf, Mutter«, sagt die Tochter Marie-Sophie, die dabei ist, das Abendbrot zurechtzumachen.

»Wollen sehen, was die wollen.«

»Wer ist der Flegel, der hier hereingepoltert kommt, ohne hereingebeten worden zu sein?!« sagt Stülpner zu dem vordersten der Uniformierten. Er erkennt an der Montur, daß es ein Korporal von den Zschopauer Grenadieren ist. Der Stock des Unteroffiziers ist auch nicht zu übersehen. Er trägt ihn herausfordernd in der Hand.

»Hör' ich richtig?!« sagt der Korporal. »Er Grünschnabel wagt es, mich einen Flegel zu heißen?!«

»Wer meine friedliche Wohnstube ohne Klopfen und Gruß betritt, der ist ein Flegel. Und wenn er der Kaiser von Sachsen wär'!«

»Halt Er Sein loses Maul, Kerl! Sonst macht Er gleich die Bekanntschaft mit dem da!«

Der Korporal hebt den Stock, macht Anstalten, zu dem sitzenden Stülpner heranzutreten.

»Steck' Er sofort Seinen Knittel weg! Sonst hat Er ihn zum letzten Mal in der Hand gehabt!«

Stülpner hat seine Büchse auf den Korporal in Anschlag gebracht. Der Unteroffizier legt genau das anmaßende Verhalten an den Tag, das ein Stülpner Karl von klein auf für den Tod nicht leiden kann. Schon als Schuljunge hatte er deswegen seine Auftritte mit dem Schulmeister und dem Pastor in Großolbersdorf. Die hatten damit angefangen, ihm alles, was er sagte und tat, zum schlechten auszulegen, auch wenn er damit eine gute Absicht verbunden hatte. Ortsrichter, Gerichtshalter, Büttel hatten sich später nicht anders verhalten. Die Mutter und er wurden für gemeine Diebe angesehen, weil sie in den schrecklichen Hungerjahren sich Brot und Fleisch vom Schloßspeicher geholt hatten, um nicht elend zugrundegehen zu müssen. Hinfort hatten diese Vertreter der Obrigkeit ihm alles, was im Ort Schlechtes passierte, in die Schuhe zu schieben versucht. Es war für sie wohl das einfachste, für ewige Zeiten einen Sündenbock zu haben. Da ihm ohnehin alles Üble angerechnet wurde, warum sollte er sich aber dann in acht nehmen?! Die Zeiten, da er sich hatte einschüchtern lassen, waren vorbei. Der Griff zur Büchse verfehlt denn auch seine Wirkung nicht. Der Korporal ist solches Zurwehrsetzen, zumal von zivilen Leuten, offenbar nicht gewohnt. Erschrokken ist er zurückgewichen. Verstohlen hat er den Stock weggesteckt. Er nestelt verwirrt an seinem Uniformrock, zieht endlich ein Papier heraus, hält es Stülpner hin. In weitaus gemäßigterem Ton, ja mit schlecht verhohlenem Respekt in der Stimme sagt er:

»Hier ist Seine Einberufung. Unterzeichnet und untersiegelt von der zuständigen Gerichtsbehörde. Er ist mein Rekrut.«

Die Mutter sinkt mit einem leisen Schrei auf der Ofenbank zusammen. »Mein Karl«, sagt sie. »Er ist doch noch ein halbes Kind!«

»Beim Militär befinden sich weitaus jüngere Männer«, sagt der Korporal. »Der Rekrutierungsbefehl besteht zu Recht. Wie vom Ortsrichter verlautet, ist Er nicht der einzige Sohn Seiner Mutter. Seine Geschwister können diese versorgen. Er hat keine eigene Familie, die er unterhalten müßte. Auch versieht Er kein gemeinnütziges Amt oder Gewerbe, Er ist ohne feste Anstellung und Beruf. Er ist entbehrlich.«

»Er ist nicht entbehrlich«, sagt die Mutter verzweifelt. Ohne das Schreiben eines Blickes zu würdigon, sagt Stülpner: »Für die Behörde bin ich entbehrlich, weil ich keinen wohlhabenden Vater oder Gönner habe, der mich mit einem goldenen oder silbernen Händedruck freikaufen könnte.«

»Für die Behörde ist Er entbehrlich, weil Er hier als unsicheres, ja aufsässiges Subjekt gilt.«

»Er wehrt sich nur seiner Haut! Von klein auf muß er das tun. Er kann doch nicht dafür, daß sein Vater frühzeitig starb, daß wir kein Geld hatten, ihn ein ordentliches Handwerk erlernen zu lassen, daß er keine Anstellung als Jäger bekommt...«

Die Schwester hat sich mit eindringlicher Stimme an den Korporal gewendet.

»Das versteh' ich ja«» sagt der Korporal sichtlich betroffen. »Auch ich bin Soldat geworden, weil ich keinen Vater mehr hatte und keinen Beruf. – Nun ist das Soldatsein mein Beruf geworden. – Und nun komm' Er und mach' Er sich's und den Seinen und mir nicht noch unnötig schwer.«

Und zur Mutter und Schwester gewandt, sagt der Korporal: »Das Soldatsein hat auch seine guten Seiten. Und Euer Sohn und Bruder ist doch nicht aus der Welt. Von Zschopau nach Scharfenstein ist es nicht weit. Es gibt Urlaub genug. Und wenn er sich gut führt, ist er bald Korporal wie ich.«

»Da muß ich wohl lernen, in fremder Leute Wohnungen einzudringen, ohne angeklopft zu haben, um ein guter Korporal werden zu können?«, sagt Stülpner.

»Das ist, zugegeben, so Usus geworden bei uns. Es dient zur Gefügigmachung der Rekruten. Freiwillig geht kaum einer mit, wenn wir kommen. Es soll einer gar nicht erst auf den Gedanken kommen, sich der Rekrutierung zu widersetzen.«

»Da kann man auch mal an den Falschen geraten«, sagt Stülpner.

»Da muß ich Ihm rechtgeben«, sagt der Korporal.

Karl ordnet seine Angelegenheiten. Er trägt der Schwester auf, seine Jagdutensilien gut zu verwahren, keine Feuchtigkeit an die Waffen kommen zu lassen. Er kleidet sich an, verabschiedet sich schnell von Mutter und Schwester, trägt ihnen Grüße für Verwandte und Freunde auf, folgt dem Korporal und dem Kommando in die Schänke, wo übernachtet werden soll.

Dort auf dem Boden liegen schon zwei Rekrutierte aus Großolbersdorf, einer aus Hopfgarten und einer aus Scharfenstein zur Nachtruhe auf der Strohschütte. Am nächsten Morgen soll es in die Zschopauer Quartiere abgehen.

»Noch eine Frage«, sagt Stülpner zum Korporal, bevor er sich niederlegt. »Wieviel Handgeld hätte ich bekommen, wenn ich mich freiwillig gemeldet hätte?«

»Fünf Speziestaler setzt es zur Zeit«, antwortet der Korporal. »Doch dazu ist es für Ihn zu spät.«

Das Schmunzeln, mit dem Stülpner den Bescheid des Korporals quittiert, ist bei dem trüben Funzellicht nicht zu erkennen.

*

Als der Wachtposten am Morgen die Rekruten weckt, fehlt einer von ihnen. Stülpner. Der ist, anstatt sich nach Zschopau zwangsabführen zu lassen, lieber bei Nacht und Nebel und über Berg und Tal nach dem entfernteren Chemnitz ausgerückt, um sich dort beim Stab des Regiments als Freiwilliger zu melden. Bevor die Meldung aus dem Zschopauer Grenadierbataillon eintrifft, daß einer der Rekruten flüchtig sei, ist derselbe längst von den Musketieren »in Zuwachs« genommen und hat derselbe längst sein Handgeld, das in seinem Falle eher als »Fuß-« oder »Fersengeld« zu bezeichnen wäre, in Empfang genommen...

Doch Stülpner kam es gar nicht so sehr auf die fünf Spezies an, wenn er sie freilich auch gut gebrauchen konnte. Stülpner wollte nach Chemnitz zu den Musketieren, weil er unter ihnen während des »Kartoffelkriegs« in Böhmen, an dem er als Troßbub teilgenommen hatte, und danach in der Dresdner Garnison gute Kameraden und Freunde kennengelernt hatte. Vor allem in dem Musketier Christian Friedrich Rebentrost hatte der in militärischen Dingen noch unerfahrene, gerade sechzehn Jahre alte Stülpner einen väterlichen Freund und Lehrherrn gefunden. Rebentrost entstammte einer geachteten Exulanten- und Pastorenfamilie aus Böhmen. Er war in dem erzgebirgischen Berg- und

Grenzstädtchen Jöhstadt geboren und aufgewachsen und war mit der im Scharfenstein benachbarten Drebach ansässigen gleichnamigen Pastorenfamilie verwandt. Bereits in sehr jungen Jahren war er Soldat bei den »Maxern«, wie die Angehörigen des Regiments »Prinz Maximilian« genannt wurden, geworden. Rebentrost hatte seinen Schützling schon mehrmals in Scharfenstein besucht und Stülpners Schwester Marie Sophie kennengelernt. Die beiden wollten heiraten.

Und selbst der Kompaniechef Rebentrosts, Hauptmann Connermann aus Dessau, hatte den Troßbuben Stülpner aus Scharfenstein ins Herz geschlossen. In jungen Jahren war Connermann ein passionierter Jäger gewesen, und betreffs des außerordentlichen Jagd- und Schießtalents, das der Bub bei mancher Gelegenheit während des langen Feldlagers in Böhmen an den Tag gelegt hatte, hatte der Hauptmann ein manches Mal geäußert, solch einen Jäger wie Stülpner wünsche er sich in seiner Kompanie, damit endlich das Pachtrevier der Regimentsoffiziere ordentlich betreut und bejagt werde. Als Gast sei er jedenfalls auch jederzeit in der Kompanie willkommen.

Ein paarmal war Stülpner der Einladung des Hauptmanns bereits gefolgt. Mit dem Hauptmann und einigen Offizieren hatte er das Pachtrevier in Augenschein genommen und dabei einen Rehbock geschossen, der am Abend darauf in der Offizierskantine serviert wurde.

Es war nur noch eine Frage der Zeit, wann Stülpner regulär in die Connermannsche Kompanie eintreten würde. Nur aus Rücksichtnahme auf die Mutter hielt er sich noch in Scharfenstein auf. Sie hatte ihn schon aus der Dresdner Garnison freigebeten. Die Mutter hatte sich Sorgen gemacht, er werde beim Kommiß verrohen und verkommen, er sei noch viel zu jung dazu und gehöre noch unter die Obhut der Mutter. Das Militär hatte allgemein einen schlechten Ruf in der Bevölkerung. Doch die Zustände in der sächsischen Armee waren nicht mit denen in der österreichischen oder preußischen zu vergleichen. Sprichwörtlich ging es gerade in jener Zeit bei den Sachsen zunehmend »gemütlich« zu, zumindest traf das für das Regiment »Prinz Maximilian« zu, in dem solche Offiziere wie Connermann und solche Musketiere wie Rebentrost das Mannschaftsklima bestimmten. Es war auch durchaus nicht so, daß sich die sächsische Armee allein aus Subjekten rekrutierte, die sonst zu nichts nütze waren. Der künftige Schwager Stülpners, Rebentrost, war das beste Beispiel dafür, daß auch Söhne aus guten Familien freiwillig zum Militär gingen und dort für einen entsprechenden Ton sorgten. Freilich war der Dienst anstrengend, oft hart, streng. Doch Stülpner war von kleinauf den Aufenthalt im Freien, das Orientieren im Gelände, lange Fußwanderungen gewohnt, sein Körper war gestählt, Strapazen machten ihm nichts aus. Und er war von kleinauf gewohnt, alles zu teilen, kameradschaftlich zu sein.

Und längst hatte der junge, unternehmungslustige Stülpner den Wunsch, aus dem engen Scharfenstein herauszukommen. Ein Stück von der Welt hatte er auf dem Feldzug nach Böhmen und in Dresden gesehen. Das bunte Treiben in der Marschkolonne, im Feldlager, die fremden Gegenden und Menschen, das alles war ein Abenteuer für ihn. – Was hatte ihm dagegen das Leben zu Hause zu bieten? Hier konnte er nur durch schwere, schlecht bezahlte, erniedrigende Tagelöhnerarbeiten ein klägliches Dasein fristen. Oheim Reichel, der herrschaftliche Holzvogt, meinte es gut mit ihm, wenn er ihn zum Holzfällen und -rücken holte, ihm in Aussicht stellte, einmal seine rechte Hand zu werden und später sein Amt übernehmen zu können. Doch wenn Stülpner beim Holzmachen eine Wildfährte sah, brachte er es kaum über sich, sie nicht augenblicklich zu verfolgen. Es war eine Zurücksetzung für ihn, daß er das geliebte Weidwerk nicht beruflich ausüben durfte. Im Chemnitzer Regiment würde er es dürfen. Sollte er sein Jägertalent hintenanstellen, seine Schießkünste verkümmern lassen, sollte er Tag um Tag, jahrein, jahraus sein Leben lang in diesem engen Ort leben, um treu und brav das herrschaftliche Holz zu fällen, so wie es jeder konnte, der zwei Arme hatte?...

Stülpner hatte schon mit Rebentrost darüber gesprochen, wie er es nur anstellen könne, ins Regiment einzutreten, ohne die Mutter unnötig zu betrüben und zu ängstigen und ohne ihr eine Handhabe zu geben, es zu verhindern. Könnte man nicht seitens der Kompanie ein Kommando nach Scharfenstein entsenden, um ihn zum Schein zwangszurekrutieren? Doch Rebentrost erklärte dem Ungeduldigen, den einzelnen Kompanien seien bestimmte Bezirke zugeteilt, nur in diesen dürften sie Männer suchen und mit Genehmigung oder auf Vorschlag der örtlichen Behörden ausheben. Scharfenstein und Umgebung aber gehörten nicht zum Rekrutierungsbereich der Chemnitzer Kompanien, sondern zu dem der Zschopauer Grenadiere. Hatte aber eine Kompanie einmal einen guten Mann geholt, so gab sie ihn nicht her, er stand ihr zu, und sie brauchte ihn.

Das plötzliche Erscheinen des Zschopauer Kommandos in Stülpners Wohnung hatte nun mit einem Schlag die Situation für ihn geändert. Entweder es gelang ihm, dem Korporal und seinen Leuten zu entkommen, oder er würde bei den Grenadieren in Zschopau landen, wo er niemanden näher kannte, wo es dem Vernehmen nach ärmlich und grob zuging und wo die Offiziere kein Pachtrevier hatten. Es sollte nicht anders sein. Stülpner entwischte den Zschopauern aus dem Marschquartier in der Schänke und wurde in Chemnitz Musketier. Die Mutter mußte sich damit zufriedengeben. Er war nicht freiwillig gegangen. Die Obrigkeit war schuld, sie wollte ihn weghaben, er war ein unsicheres und aufsässiges Subjekt. Die Obrigkeit war immer gegen die Stülpners gewesen. Jetzt aber war Stülpner dem Gerichtshalter und dem Ortsrichter geradezu dankbar. Sie wollten ihn los sein, und er wollte sie los haben. Sie hatten ihm in den Soldatenrock geholfen, den er gerne anziehen wollte.

Daß Stülpner der Scharfensteiner Orts- und der herrschaftlichen Gerichtsbehörde bereits zu dieser Zeit ein Dorn im Auge war, kann als sicher gelten.

Nachdem Stülpner, mittlerweile achtzehn Jahre alt, aus dem »Kartoffelkrieg« heimgekehrt war, kamen ihm Ort und Leute in Scharfenstein recht klein und zurückgeblieben vor. Er ließ sich von keinem Beamten oder Förster mehr etwas sagen. Er hatte sich ausgewachsene Offiziere und Soldaten zu Freunden gewonnen, die seine Jagdtalente zu würdigen wußten. Sein Betragen nahm herausfordernden, aufsässigen Charakter an; sicher kompensierte er dadurch auch manche Demütigung, die er als Kind armer und zurückgesetzter Eltern erlitten hatte.

Paul Haar überliefert hierfür in seiner »Historie von Karl Stülpner...« eine bezeichnende Episode:

»Eines Tages nämlich begab sich der erst achtzehnjährige Stülpner mit mehreren Waidgenossen in den grünen Forst hinaus um zu jagen, wobei sie ein Wildbret erlegten und auf den Vorschlag eines ihrer Genossen Stücke davon am Feuer brieten. Diese Unvorsichtigkeit, am hellerlichten Tage begangen, hätte für Stülpner leicht verhängnisvoll werden können, denn während die Wildschützen, eben noch mit ihrer Mahlzeit beschäftigt, sorglos am Feuer lagerten, krachte plötzlich vom Walde ein Schuß, welchen ein

Forstgehilfe, angelockt vom Scheine des Feuers, gegen Stülpner entsandte, und wodurch diesem die Stirnhaut derartig zerrissen wurde, daß er nicht nur eine lebenslängliche Narbe an der Stirne davontrug, sondern sogar einzelne Schrote deutlich fühlbar für immer darin zurückblieben.«

Daß man solche Kerle lieber in den Soldatenrock steckte und damit abschob, kann man wohl keinem Ortsrichter und keinem Gerichtshalter verdenken. Die Rekrutierungsverordnungen boten die beste Handhabe dazu: »Die Gerichtsobrigkeit ist ernstlich anbefohlen, der Miliz das Rekrutierungsgeschäft zu erleichtern und derselben dabei überhaupt allen Vorschub zu leisten, insonderheit aber zur Anwerbung müßiger, dienstloser und keine Nahrung treibender oder sonst entbehrlicher Leute...« Der junge Stülpner Karl war auf der Liste der entbehrlichen Leute im Herrschaftsgebiet Scharfenstein sich einer der ersten Kandidaten. Indem die Behörde den amtlichen Bestimmungen folgte und der Miliz die Werbung erleichterte, schaffte sie sich selber solche Ruhestörer aus den Augen.

*

In fast allen Stülpnerbüchern und -stücken wird die Flucht des Helden vor den Zwangswerbern als einer seiner Hauptstreiche dargestellt. Auch Johannes Reetz schreibt in diesem Sinne in seiner Schrift »Geschichte und Geschehen in der Kirchgemeinde Großolbersdorf«: »... Stülpner entwich bei Nacht dem Militärkommando, eilte auf Waldpfaden nach Chemnitz, ließ sich als Rekrut anwerben, erhielt seine 5 Thaler Werbegeld...«

Ausgerechnet der zeitgenössische Biograph Schönberg weiß nichts von dem Husarenstückchen. Bei ihm folgte Stülpner »willig seinem ihn nach Chemnitz führenden Commando...« Eine Erinnerungslücke? Eine bewußte Irreführung? Eigentlich handelte es sich um eine Desertion. Stülpner entwischt der Kompanie aus Zschopau, nicht der aus Chemnitz. Er entwischt der Kompanie, der er nach Recht und Gesetz gehört. Und läuft einer anderen zu, die keinen Anspruch auf ihn hat. Von Rechts wegen hätte die Chemnitzer Kompanie ihn an die Zschopauer abgeben müssen.

Stülpner »kapitulierte« auf acht Jahre, d.h., er verpflichtete sich zu acht Dienstjahren im Regiment.

Der Dienst ließ sich für ihn bestens an. Biograph Schönberg erzählt, daß Stülpner Gelegenheit fand, »sein Talent als guter Schütze geltend zu machen, und in kurzer Zeit hatte er sich darin einen solchen Ruf erworben, daß er nicht nur an allen Jagden Theil nehmen, sondern auch öfters selbst allein das Revier begehen mußte, um die Tafeln und Küchen der größtentheils verheiratheten Offiziere mit Wildpret zu versorgen, die übrigens noch nie so reichlich, wie jetzt, damit versehen worden waren. – Denn, wenn ihm von seinen Obern anbefohlen wurde, ein Stück Wild auf ihrem Revier zu schießen, so glaubte er auch hierin, wie im Militairdienst, streng der Subordination Folge leisten zu müssen, und nahm es daher nicht so genau, wenn er das zu erlegende Stück Wild auf seiner Revier nicht sogleich ansichtig wurde, dasselbe ausser seinem ihm angewiesenen Jagdbezirk zu holen, ohne irgend zu bedenken, daß er dadurch gegen die Gesetze handle. Dabei ging er übrigens so vorsichtig zu Werke, daß ihm, unerachtet manches auffliegenden Verdachts, nichts Sträfliches nachgewiesen werden konnte.«

Schönberg färbt schön, wenn er Stülpners Wilderertätigkeit auf militärische Subordination zurückführt. Stülpner war ein besessener Jäger und ehrgeiziger Schütze und sehr empfänglich für das Lob und den guten Stand bei den Vorgesetzten. Und er hatte Vorteile im Regiment. Er wurde weitgehend vom stumpfsinnigen Kasernendienst befreit, bekam oft und lange Urlaub, durfte die Wildhäute auf eigene Rechnung versilbern und einen Teil des Wildbrets für sich verwenden. Vor allem: Stülpners langgehegter Traum, ein Jäger zu sein, war in Erfüllung gegangen. Wenn er auch ein Jäger in Soldatenmontur war. Doch nicht einmal die brauchte er auf seinen Pirschgängen zu tragen – die Offiziere wußten, warum sie ihren Leib- und Magenjäger in Zivil auf die Jagd schickten. Natürlich haben sie den (Wild-)Braten gerochen! Oder glaubten sie an das Wunder, daß, seit Stülpner ihr Jäger war, ihr kleines Pachtrevier das Mehrfache an Gewinn brachte als vorher?

Und wenn, laut Schönberg, Stülpner nicht bedachte, daß er Verbotenes tat, wenn er das Wild »ausser seinem ihm angewiesenen Jagdbezirk« erlegte – warum ging er dann eigentlich dabei »so vorsichtig zu Werke«?

Aber Schönberg nimmt das alles zurück, wenn er schreibt, daß Stülpner »schon damals den Keim zu seinem spätern Leben als Wildschütze« legte.

Stülpner konnte nach Herzenslust jagen und erntete dafür noch den Beifall und die Gunst seiner Vorgesetzten. Solch einen Militärdienst ließ er sich gefallen! Es ging ihm besser als jedem anderen Gemeinen, ja als manchem Offizier. Sein Kasernenhof war der grüne Wald, seine Schießscheibe das lebendige Wild – was wollte er mehr!

Hätte Stülpner sich damit begnügt, das ihm unterstellte Revier zu bejagen... Doch er bringt es nicht fertig, ein Stück Wild, das die Reviergrenzen überschreitet, laufen zu lassen. Schließlich läuft der dem Wild in die Nachbarreviere entgegen. Er erkennt die unsichtbaren, unnatürlichen, von Menschen gezogenen Grenzen im Wald nicht an. Er ist frei. Er ist so frei wie das Wild, das er jagt.

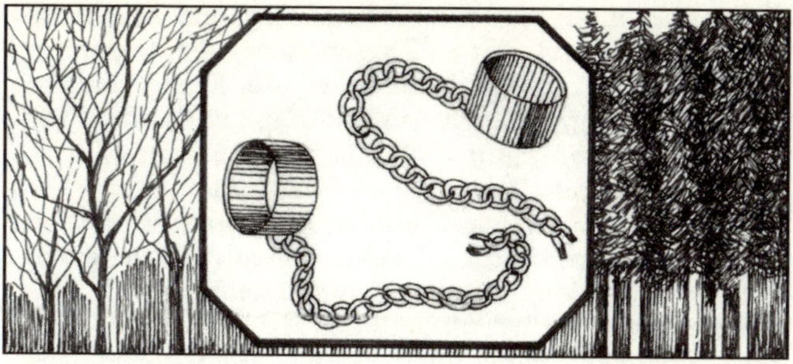

Kaum hab ich das Wildbret geschossen

Friedlich fallen die Schneeflocken vom Himmel. Die Fichten auf dem Ziegenrücken zwischen Zschopau und Scharfenstein sehen wie bezuckert aus.
Auf dem weißen Tuch des Schnees, das sich über den Waldboden gebreitet hat, zeichnet sich die Fährte eines starken Rehbocks ab. Der Bursche in Jägertracht folgt ihr schon eine Weile. Der Bock kann ihm nicht weit voraus sein. Die Trittsiegel sind, obwohl die Flocken dicht fallen, deutlich zu lesen. Und wirklich, da sieht er ihn, wie er, ab und an nach einem Fleckchen Moos scharrend oder einen Zweig kappend, oben am Hang durchs Unterholz streicht. Der Bursche prüft den Wind, das Gelände, pirscht sich näher heran.

Plötzlich wird er von hinten aufgefordert, Gewehr und Hirschfänger abzulegen und sich zu ergeben. Wie vom Blitz getroffen, bleibt er stehen.

»Er ist verhaftet!« sagt der hinter ihm frohlockend.

Langsam nimmt der Gestellte die Büchse von der Schulter.

»Er wird kein Stück Wild mehr abschießen! Es ist aus mit Ihm, Stülpner!«

Die Stimme ist dicht hinter ihm.

Was jetzt geschieht, ist die Sache von Sekundenbruchteilen. Stülpner schnellt herum, duckt sich wie ein Luchs, springt den Gegner an, schlägt ihm die Waffe aus der Hand, fängt sie auf.

»Das werden wir gleich sehen, mit wem es endlich aus ist. Ziegler!« Stülpner ruft es wütend. Die Narbe auf der Stirn ist bedenklich angeschwollen. »Das werden wir sehen, wer kein Wild mehr schießen wird, du Prahlhans, du elender!«

Er drischt mit dessen Gewehr auf den um einen ganzen Kopf größeren und weit kräftigeren Gegner ein. Der kommt in der Überrumplung gar nicht dazu, seine Kräfte anzuwenden und sich zur Wehr zu setzen. Schon windet er sich am Boden unter den rasenden Schlägen. Jammernd bittet er Stülpner, innezuhalten, ihn gehen zu lassen.

»Ich versprech' Ihm, Stülpner, ich werd' nichts verraten! Kein Sterbenswörtchen werd' ich irgend jemandem davon sagen, daß ich Ihn beim Wildern gestellt habe!«

»Beim Wildern?!« ruft Stülpner. »Ist Er verrückt! Er hat mich nicht beim Wildern gestellt! Ich begeh' mein Revier! Und dabei hat Er mich gestört!«

»Es ist Zschopauer Revier! Ich versprech' Ihm, daß ich dem Oberforstmeister nichts davon sage!«

Stülpner wirft das zu Bruch gegangene Gewehr des Försterburschen zu Boden und bringt seine Büchse auf ihn in Anschlag.

»Um Himmels willen, Stülpner, laß Er mir das Leben!« jammert Ziegler. »Ich laß wirklich nichts verlauten!«

»Und wie steht's mit Seinen Prahlereien?! Wird Er noch immer in jedem Wirtshaus zehn Meilen in der Runde ausposaunen, daß Er persönlich den Stülpner fangen und geschlossen über den Zschopauer Marktplatz auf die Wache führen werde?! Wird Er darüber weiter Pfennigwetten abschließen, daß Er den Stülpner dingfest machen werde?«

Stülpner hat von anderen Angehörigen der Kompanie erfahren, wie der Försterbursche sich das Maul über ihn zerrissen hat. Und einmal hat er ihn selber darüber schwadronieren hören, daß er ihm nicht entgehen, daß er ihm das Handwerk legen und ihn für immer hinter Gitter bringen werde. Er saß mit Kameraden in einer Ecke im »Goldenen Hahn«, und die Freunde mußten ihn mit Gewalt auf dem Stuhl festhalten, daß er dem Angeber nicht gleich das Maul stopfte.

Der Försterbursche fleht Stülpner an, ihn nicht zu erschießen. Er verspricht, Stülpners Namen nie wieder in den Mund zu nehmen. Auch verspricht er, über diesen Zusammenstoß kein Sterbenswort gegen seinen Vorgesetzten oder sonst irgendwo verlauten zu lassen.

Stülpner läßt endlich von ihm ab.

»Ich will Ihm mal was sagen, Försterbursch«, sagt er zu dem andern, der sich mühsam hochrappelt. »Er ist bekannt dafür, daß Er es andern Menschen mißgönnt, die Luft in dem Ihm anvertrauten Forst zu atmen. Hinter jeder armen, alten Reisigsammlerin ist er her wie der Leibhaftige hinter der Seele, damit sie ja nicht am falschen Tag liest und ein dürres Ästel zuviel mitnimmt. Er spielt sich auf, als ob Er jeden Baum und Strauch, der hier wächst, eigenhändig gepflanzt und begossen und großgezogen hätte. Er tut, als ob Er das Wild hier draußen füttere und pflege wie in Seinem Stall. Er bildet sich ein, als ob alles, was hier wächst und fleucht und kreucht, auf Seinem Mist gewachsen wäre. Er tut, als ob er den Wald allein für sich gepachtet, als ob er Wald und Wild eigenhändig erschaffen hätte. Er gebärdet sich, als ob Er der liebe Gott persönlich sei! Der liebe Gott hat aber auch mich erschaffen! Und er hat mir Beine zum Anpirschen und Augen zum Zielen und Hände zum Abdrücken gegeben – genau wie Ihm! – Merke Er sich, Jägerbursch, das Wild ist frei! Es gehört weder Ihm noch seinem Dienstherrn noch sonst einem Herrn! Das Wild sucht sein Futter und sein Obdach selber, und es schert sich dabei nicht um Eure verfluchten Reviergrenzen! Es gehört niemandem! Und es gehört jedem! Jedem, der's zu erpirschen und zu erjagen versteht!

Und denkt Er nicht an die Bauern?! Ißt Er kein Brot und keine Butter? Nimmt das Wild überhand, so schädigt es Flur und Ernte!«

Stülpner geht davon. In Richtung Scharfenstein, er hat Urlaub vom Garnisonsdienst. Der Bock ist durch die Schlägerei für Tage, wenn nicht für immer vergrämt.

Hinter ihm klaubt der Jägerbursche die Überreste seines Gewehrs zusammen und humpelt nach Zschopau hinunter.

Ein paar Tage darauf. Stülpner sitzt gemütlich bei der Mutter in Scharfenstein auf der Ofenbank. Es riecht nach Bratäpfeln und Weihrauchkerzeln. Er schmunzelt zufrieden vor sich hin. Draußen im Bornwald ist er doch noch zu Schuß gekommen, so daß er den Weihnachtsbraten bei seinen neuen Vorgesetzten, den Offizieren in der Grenadiergarnison in Zschopau, rechtzeitig vor dem Fest abliefern konnte. Nun freut er sich darauf, am Heiligen Abend den Rupprecht für die Kinder der Schwestern zu machen und dann selber mitzufeiern. Auch die Verwandten und Freunde hat er ausreichend mit Wildbret versorgt.

Es klopft an die Tür. Herein treten ein Korporal und ein Gemeiner aus seiner Zschopauer Kompanie. Es ist der gleiche Korporal, der ihn vor fünf Jahren auf grobe Art rekrutieren wollte und dem er nach Chemnitz entlaufen war. Doch von Grobheit ist jetzt nichts zu spüren. In fast entschuldigendem und bedauerndem Ton teilt der Korporal Stülpner mit, er habe Order, ihn geschlossen ins Standquartier nach Zschopau abzuführen. Es liege eine Anzeige gegen ihn vor. Der Jägerbursche des Oberforstmeisters habe sie erstattet. Stülpner solle mit ihm konfrontiert werden.

Im ersten Augenblick denkt Stülpner daran, sich der Gegenüberstellung durch die Flucht zu entziehen. Der Korporal würde nichts dagegen unternehmen. Er war sein Freund geworden.

Doch, überlegt Stülpner, er wird den Korporal und die Offiziere in Zschopau in eine mißliche Lage bringen, wenn er sich absetzen würde. Es sähe so aus, als hätten sie ihn fliehen lassen. Und schließlich, was hatte er bei einer Gegenüberstellung mit dem Jägerburschen zu befürchten?

Er beruhigte die Mutter. Es müsse sich um eine Verwechslung, ein Mißverständnis handeln, das bald aufgeklärt sein werde. Am Heiligen Abend sei er wieder bei ihr. Er legte seine Montur an und folgte den Kameraden.

Es kam, wie es kommen mußte. Der ehrgeizige und eifrige Wildschütz traf auf einen ebenso eifrigen und ehrgeizigen Forstbeamten. Entgegen seinem der Mutter gegebenen Versprechen und entgegen seiner eigenen Hoffnung war der verhaftete Stülpner am Heiligen Abend nicht wieder zu Hause. Die Angehörigen mußten ohne ihn Weihnachten und Neujahr feiern.

*

Auch der Zusammenstoß mit dem Jägerburschen ist amtlich dokumentiert. Das Scharfensteiner Gerichtsrepertorium vermerkt unter dem Jahre 1785:

»Die von denen Prinz Maximilianischen Regimentsgerichten, auch dem Herrn Kammerherrn und Oberforstmeister und Amtmann zu Augustusburg wegen Abhörung einiger Zeugen, in betreff des an einem Jägerburschen ausgeübten Thätlichkeiten in Untersuchung befangenen Grenadiers Stilpner an hiesige Gerichte ergangene Requisitorialien.«

Das zugehörige Aktenstück ist nicht auffindbar. Wer hat es verschwinden lassen?

Schönberg schreibt, Stülpner sei nach dem Zusammenstoß mit Ziegler ins Standquartier nach Zschopau abgeholt und dem Jägerburschen gegenübergestellt worden. Ziegler zeigte sich unsicher. Befragt, ob der ihm Vorgeführte derselbe sei, der ihn derart zugerichtet und ihn gar zu erschießen gedroht hatte, antwortet er zunächst ausweichend. Wahrscheinlich dachte er an das Stülpner gegebene Versprechen, ihn nicht zu verraten. Erst die darauf folgende ungeschickte und zu forsche Reaktion eines anwesenden Offiziers veranlaßte Ziegler offenbar, Stülpner als den Täter zu identifizieren.

Nach Hohneujahr 1785 wurde Stülpner geschlossen nach Chemnitz ins Regimentsstabsquartier überführt.

»Der militärische Dienst Stilpners in Chemnitz (ab) 1780 zeigt uns, wie bei einem in irgend einer Weise gefährdeten Menschen ohne sein Zutun äußere Umstände ihn auf eine Bahn drängen, die für andere unbedenklich, für den Betreffenden aber die gefährlichste unter allen möglichen ist.« (Johannes Reetz, Geschichte und Geschehen in der Kirchgemeinde Großolbersdorf, 1930)

Hätte Stülpners Leben wirklich einen entscheidend anderen Verlauf genommen, wenn sein Jagdtalent nicht von den Regimentsvorgesetzten derart gefordert und gefördert worden wäre?...

32 Wochen saß Stülpner »in strenger Verwahrung« auf der Hauptwache beim Regiment. 22mal soll er, nach Schönberg, während dieser Haft verhört worden sein. Doch »ohne etwas von dem ihm angeschuldigten Verbrechen zu gestehen«. Auch, nachdem ihm Strafmilderung versprochen worden war, wenn er die Abnehmer seiner unrechtmäßigen Jagdbeute und seine Helfer und Helfershelfer angebe, blieb er stumm. Alle noch so verfänglichen Fragen der Richter scheiterten an seiner konsequenten Verschwiegenheit. »... ja, als man ihm später noch andere, sein Ehrgefühl tiefverlezzende und kränkende, Verbrechen aufbürden wollte, wurde er in seinen Antworten nur noch hartnäckiger, so, daß man sich genöthigt sah, da sein ihm angeschuldigtes Verbrechen bis dahin weiter nicht überwiesen werden konnte, das Resultat seiner ihm zu bestimmenden Strafe immer noch länger hinaus zu verschieben.« (Schönberg)

Bei erwiesener Schuld drohte Stülpner jahrelange Festungshaft und Zwangsarbeit.

Die Offiziere waren in Schwierigkeiten. Wie lange würde der Inhaftierte den Fangfragen der Richter entgehen und dem Kerkerleben widerstehen können oder wollen? Er war ein junger Bursche von 24 Jahren und an Bewegung, frische Luft, an Aus- und Umgang gewöhnt.

Auf ihre Weise waren die Offiziere an einer Flucht Stülpners genauso interessiert wie dieser selber. Ihn aus dem Regimentsarrest entweichen zu lassen, hätte Verdacht erregt. Man mußte eine bessere Gelegenheit abwarten. Und ihm indessen die Haft so gut als möglich erleichtern und ihn bei guter Laune halten. Ihm vielleicht eine gute Lösung auch in Aussicht stellen.

Die Gelegenheit kam. Die gesamte sächsische Armee rückte zum jährlichen Großmanöver ins Lager bei Mühlberg an der Elbe ein. Als das Regiment »Prinz Maximilian« sich in Marsch setzte, führte es den Arrestanten Stülpner, »mit Ketten belastet und wohl bewacht«, wie Schönberg schreibt, auf einem Bagagewagen mit. Es war durchaus nicht üblich, eher außergewöhnlich, Gefangene zum Manöver mitzunehmen. Und hier ging es über viele Marschmeilen quer durch Sachsen, durch mehr oder weniger dünn besiedelte Gegenden. Der Arrest in der Chemnitzer Fronfeste, im Roten Turm, wäre ungleich sicherer gewesen. Immerhin konnte die Regimentsführung die Maßnahme damit begründen, daß man das Manöver nutzte, um den Ernstfall zu exerzieren. Im Krieg wurden die eigenen Arrestanten notgedrungen im Troß mitgeführt.

Stülpner mögen, nach der monatelangen Haft, schon die frische Luft und die Abwechslung des Marsches gutgetan haben. Und die Anzeichen mehrten sich, daß die Flucht bevorstehe.

»Während der Zeit des Manövers wurde er eines Tages durch folgende schöne Handlung überrascht.

Als sich nämlich das sämmtliche Offiziercorps seines Regiments einstens daselbst zu einem solennen und fröhlichen Dejeune à la fourchette versammelt hatte, kam unter andern auch das Schicksal Stülpners in Berührung, welcher, da die meisten wohl fühlten, daß sie Vieles, freilich ohne ihren Willen (! – d. V.), zu seiner gegenwärtigen traurigen Lage beigetragen hatten, deshalb allgemein von jedem bemitleidet wurde. Um ihn daher auf einige Art zu entschädigen, wurde einstimmig beschlossen, eine Collecte für ihn zu sammeln, wo dann über 20 Thlr. für ihn zusammen kamen…« (Schönberg)

Das »sämmtliche Offizierscorps« bemitleidet und beschenkt einen gemeinen Soldaten, der noch dazu vor der Verurteilung wegen Wildbretfrevels und begangener Tätlichkeiten gegen einen Forstbeamten steht! Die »Collecte« war keine rührselige Geste rauher Kriegsmänner, die 20 Thlr. waren Abfindung, Schweigegeld und Fluchthilfe in einem. Niemand – außer Stülpner selbst – war mehr daran interessiert, ihn aus der Zuständigkeit der Gerichte zu entfernen, als die Offiziere, die natürlich von dessen Wilderertätigkeit gewußt und profitiert hatten. Soviel Wildbret, wie Stülpner abgeliefert hatte, konnte es im Regimentspachtrevier gar nicht geben...

Fluchtort und -umstände waren militärisch geschickt ausgewählt. Auf halbem Wege legte man auf dem Rückmarsch eine Rast ein. Die Mannschaften waren müde von den Strapazen des Manövers. Sie hatten eine Pause, ein wenig Vergnügen verdient. Es war Feiertag, Johannisfest. Man feierte mit den bäuerlichen Bewohnern der umliegenden kleinen Dörfer von Döbeln. Sonn- und feiertags war mit einer unerwünschten etwaigen Mithilfe der örtlichen Behörden bei der Verfolgung eines Deserteurs kaum zu rechnen.

Die Verfolgung durch die Mannschaften konnte man entsprechend drosseln. Zudem zeigten die Offiziere sich wegen der guten Manöverleistungen der Soldaten spendabel, die Marketenderin schenkte auf ihre Kosten Freibier aus. Die Atmosphäre war aufgelockert. Dann wurde zur Wachtparade geblasen. Die Mannschaften versammelten sich entfernt vom Quartier. Nur ein Posten blieb bei dem freilich gefesselten Gefangenen zurück.

»Stülpner, der sich schon Tags vorher bei der Ankunft in Simselwitz von der Lage seines Gewahrsams genau orientirt hatte, ging jetzt mit seiner sorglosen Wache unter dem Vorwand eines natürlichen Bedürfnisses hinaus, und setzte, kaum aus der Hausflur (er war ins Spritzenhaus oder »Bummerle« gesperrt worden – d. V.) getreten, mit streng angezogener Kette, über die das Haus umgebende Mauer, so daß er, ehe sich die Wache von ihrem Erstaunen erholte, schon ausser Schußweite sich befand«. So lautet Schönbergs Fluchtversion.

Bei wem hatte Stülpner sich über die Lage des Ortes, also den Fluchtweg, orientiert? Bei Dorfeinwohnern? Oder sagte ihm ein Kamerad oder Korporal Bescheid, wohin er so schnell als möglich verschwinden sollte? Die Wache, ein Soldat, war »sorglos« und »erstaunt«! Stülpner war sicher ein flinker Bursche. Doch er war durch die lange Haft untrainiert. Und doch springt er »mit streng angezogener Kette, über die das Haus umgebende Mauer«... Und er »eilte nun so schnell als möglich bis eine Stunde hinter Simselwitz fort«, wo er »vermittelst einer starken Messergabel, die er schon aus Vorsicht zu diesem Behuf mitgenommen hatte, sich seiner ihn hart bedrückenden Fesseln entledigte.«

Die Ketten waren vor allem schwer. Sie waren dazu da, einen Gefangenen an der Flucht zu hindern. Und wenn Stülpner schon ein Werkzeug besaß, sich der Ketten zu entledigen, warum tat er das nicht schon kurz nach seinem Sprung über die Mauer? Oder nicht schon im Spritzenhaus? Er konnte die Kette zum Schein mitschleppen, solange er im Blickfeld des Postens war. Wenn der »sorglose« Posten ihm die Ketten nicht selber geöffnet hat...

Den Mannschaften hat gewiß nicht erst befohlen zu werden brauchen, die Verfolgung nicht zu ernst zu nehmen. Stülpner hatte nicht nur bei den Offizieren einen Stein im Brett. Er war bei seinen Kameraden wegen seiner offenen und geraden Umgangsart, wegen seiner Zuverlässigkeit, seiner Hilfsbereitschaft und seiner Freigebigkeit beliebt. Viele kannte er von früher her. Mit einigen hatte er die gleiche Schulbank gedrückt, hatte er die heimatlichen Wälder durchstreift. Vielleicht hatten bei der Flucht auch sein im gleichen Regiment dienender Schwager Rebentrost und Korporal Saemann, der später eine Nichte Stülpners in Scharfenstein heiratete, die Hände im Spiel...

Warum schildert Stülpner seinem Memoirenschreiber die Flucht nicht so, wie sie höchstwahrscheinlich vonstatten ging? – So unterhaltend und gesellig Stülpner in vertrauter Runde sein konnte, so eisern schwieg er, wenn es seine Angehörigen, Freunde, Helfer, Kameraden zu schützen galt. Als er seine Erinnerungen erzählte, lebten womöglich noch Helfer der Flucht oder deren Angehörige.

Viele Stülpner-Darstellungen machen diese entscheidende Flucht aus dem Militärgewahrsam zu einem ihrer Kernstücke. Dabei spielt das Problem der Entfesselung eine wichtige Rolle.

»Da stehe ich nun flüchtig wie das wilde Thür des Waldes, aber gefesselt, das Thier ist doch wenigstens fesselfrei, und kann sich durch Busch und Wald flüchten, aber ich kann meinen Feinden nicht einmal entfliehen, weil mich diese Ketten hindern...« In dem Puppenspiel »Carl Stülpner, der kühne Raubschütz in sächsischen Ober-Erz-Gebirge«, handgeschrieben und handgespielt von Carl-Eduard Ruttloff, Mechanikus, Rechenberg, 1863, schleppt der fliehende Stülpner die schweren Ketten bis in die erzgebirgischen Kammwälder mit, wo er – welcher Zufall – seinen Wilderergenossen begegnet und von dem einen, der von

Beruf Feilenhauer ist, fachmännisch von seinem »Geschmeide« befreit wird.

Fest steht, daß Stülpner weiterer Haft und der möglichen Verurteilung entkam. Die Regimentslisten verzeichnen:

»Carl Heinrich Stilpner, 74 Zoll, 24 Jahre, unverheiratet, ohne Kinder, gedient 5 Jahre und sieben Monate, desertiert am 3. Juli 1785 auf dem Rückmarsch. Im Marschquartier Simßelitz außen Arrest bei Stab desertiert.«

Und als nun die Schlacht vorüber war

»Nicht nur einer meiner lieben Kameraden ›ist geblieben tot‹«, sagt der heimkehrende Soldat zu seinen Zuhörern, nachdem er ihnen sein Lied vorgesungen hat. »Nein, zu Dutzenden und Aberdutzenden sind sie gefallen vor Longwy und Verdun und an den steilen Eingängen zur Champagne und bei Valmy und bei der Einnahme der Festung Königstein und bei der Wiedereroberung von Mainz, in der Schlacht bei Pirmasens und an den Weißenburger Linien und in der dreitägigen blutigen Schlacht bei Kaiserslautem, in der die französische Moselarmee unter Hoche geschlagen wurde. Doch gerade das Regiment ›Prinz Heinrich‹, zu dem ich gehörte, bezahlte diesen Sieg teuer. Bei der Erstürmung einer feindlichen Batterie erlitten wir große Verluste. Mein Vordermann und mein Nebenmann fielen, ich selber wurde durch einen Bajonettstich verwundet.«

Der Soldat weist auf seinen rechten Arm, der noch in der Binde steckt. Er zieht einen Invalidenausweis aus der Tasche und zeigt ihn der Runde.

»Der Soldat muß jederzeit damit rechnen, daß ihn eine Kugel trifft oder ein Bajonettstich tötet«, fährt der Invalide fort, von den mitleidigen, bewundernden und gespannten Blicken der Zuhörer begleitet. »Doch in diesem Krieg stand uns nicht nur ein Feind gegenüber, bei dem nicht hinter jedem Gemeinen der Korporal stehen mußte, um ihn anzutreiben und seine Desertion zu verhindern. Diese ausgemergelten und schlecht ausgerüsteten Franzosen fochten wie die Teufel, waren überall und nirgends im Gelände, in dem sich unsere wohlgeordneten Reihen nur schwerfällig bewegten. Und sie hatten einen Todesmut im Leibe, das muß man ihnen lassen. Der fürchterlichen Kanonade von Valmy hielten sie stand. Wir waren es, die einen schmählichen Rückzug antreten mußten. Und da war alles mit dem Feind im Bunde: das unwegsame Gelände, die Zivilbevölkerung und die Witterung. Schon auf dem Vormarsch war unser gesamter Nachschub ins Stocken geraten. Nun fiel er ganz aus. Es regnete in Strömen, die Wagen und Pferde und Mannschaften blieben im Schlamm der Straßen stecken. Unsere Monturen wurden nicht mehr trocken und verfaulten uns am Leibe, das Schuhwerk ging zu Fetzen. Es gab wochenlang keine Fourage mehr, wir ernährten uns von Strünken, die wir auf den Feldern fanden. Man hatte großes Glück, wenn man in den Ortschaften etwas Eßbares auftreiben konnte. Ställe, Scheunen, Vorratskammern waren meist wie leergefegt, die Bewohner geflohen. Oder sie ließen vergiftetes Brot zurück, einige Mann starben daran. Noch mehr aber starben an Hunger und Kälte auf freiem Feld oder in notdürftigen Lazaretten, bekamen die Ruhr, gingen an faulen Fiebern und Seuchen elend zugrunde. Halbe Kompanien wurden dahingerafft. Wenn eine manche Mutter, die daheim noch auf die Rückkehr ihres Sohnes wartet, wüßte, wie jämmerlich ihr Junge, den sie mit aller Liebe und Mühe großgezogen hat, in Schlamm und kaltem Regen sprichwörtlich vor die streunenden Hunde gegangen ist...«

Sein schlimmstes Kriegserlebnis aber habe er in einem Dorf in der Nähe von Grandpré gehabt. Niemals werde er das vergessen. Noch jetzt überlaufe ihn die Gänsehaut, wenn er nur daran denke. Mit fünf seiner Kameraden streifte er durch die Gegend, vom nagenden Hunger getrieben. Sie kamen an ein Bauerngehöft. Es lag da wie ausgestorben, wie die meisten Güter. Die Bewohner waren geflohen und hatten Vieh und Vorräte mitgenommen. Auf diesem Gehöft aber entdeckten sie eine alte Frau. Durch Gesten gab sie zu verstehen, daß hier nichts Eßbares zu holen sei. Den ausgezehrten Gesichtern und Gestalten der Soldaten war leicht anzusehen, was sie wollten. Irgendwie kam ihnen die Alte aber verdächtig vor. Immer wieder schielte sie verstohlen nach dem Stallgebäude hin. Er, der Erzähler, ging hinüber und trat ein. Der Stall war leer. Nur ein Haufen Dünger war an der Wand aufgestapelt. Das war außergewöhnlich. Mit der Mistgabel zerteilte er den Haufen zog ihn zur Seite. Eine Falltür kam zum Vorschein.

Erfreut glaubt er, einen geheimen Vorratskeller entdeckt zu haben. Ihm lief schon das Wasser im ausgedörrten Mund zusammen. Er rief die Kameraden herbei. Sie öffneten die Tür. Eine Treppe führte ins Dunkle hinab. Sie holten Holzscheite, zündeten sie als Fackeln an. Der Erzähler stieg hinunter. Ein bestialischer Gestank schlug ihm entgegen, benahm ihm den Atem und fast das Bewußtsein. Er rief die Kameraden, sie sollten ein Gewehr in den Kellerraum abfeuern. Die Luft zerteilte sich nach dem Knall. Er tastete sich im flackernden Fackellicht hinunter. Er trat auf etwas Weiches, eklig Schlüpfriges, stieß mit dem Bein an etwas Starres. Er leuchtete den Boden ab und traute seinen Augen nicht. Ihm wurde übel. Er rief die Kameraden herbei. Halb verscharrt im Erdreich, lagen hier Leichname. Hier starrte eine Totenhand heraus, dort grinste ein halb verwester Schädel. An den Uniformresten erkannten sie, es waren Soldaten der preußischen Armee, ihre Waffenbrüder. Niedergestochen, erschlagen ermordet. Zehn, fünfzehn übel zugerichtete Leichname zählten sie.

Schon seit einiger Zeit waren in etlichen Kompanien Männer vermißt worden. Sie waren von Streifzügen übers Feld nicht ins Lager zurückgekehrt, blieben verschollen. Das unerklärliche Verschwinden von Mannschaften hatte solches Ausmaß angenommen, daß sich sogar schon das Hauptquartier der Armee damit befaßte. Dorthin wurde der Entdecker des Leichenkellers bestellt, nachdem er seinem Hauptmann Bericht über den grausigen Fund erstattet und dieser die Meldung an den Regimentschef weitergegeben hatte.

»Niemals hätte ich geglaubt, daß ich mit dem Oberkommandierenden der alliierten Truppen, dem berühmten Feldherrn und General, dem Herzog von Braunschweig, einmal in nähere Berührung kommen würde«, sagt der Soldat. »Einem Gemeinen war ein solches Zusammentreffen gemeinhin nicht beschieden.«

Man merkt ihm den Stolz an, den er über die seltene Auszeichnung empfindet. »Eine Ordonnanz führte mich zum herzoglichen Zelt, wo mich ein Adjutant höflich in Empfang nahm und sogleich zum Oberkommandierenden hineinführte. Der Herzog saß auf einem einfachen Feldstuhl, vor sich eine Menge Landkarten, mit denen er beschäftigt war. Mir stockte schon der Atem, als der General sich zu mir wandte. Bevor er mich jedoch aufforderte, über die furchtbare Entdeckung Bericht zu erstatten, fragte er mich nach meinem Namen, meinem Vaterland und meiner Dienstzeit. Nachdem ich alle Fragen zur Zufriedenheit des Herzogs beantwortet und ausführlichen Rapport gegeben hatte, entließ er mich mit den Worten: ›Es ist gut, mein Sohn; hier‹, und damit drückte er mir einen Dukaten in die Hand, ›trinkt auf meine Gesundheit dafür.‹ – Diese Anweisung meines Oberkommandierenden habe ich auch getreulich befolgt. Bei der nächsten Marketenderin hab' ich, zusammen mit meinen Kameraden, den Herzog so lange hoch leben lassen, bis auch der allerletzte Kreuzer verschluckt war. – Von meinen Kameraden, die bei der grausigen Entdeckung dabei waren, lebt heute kein einziger mehr... Die ermordeten Soldaten wurden aus dem Keller geholt und bekamen ein ehrenvolles Begräbnis. Das Dorf, zu dem das Gehöft gehörte, wurde zur Abschreckung für die Bevölkerung in Schutt und Asche gelegt...«

Der Soldat hat seine Erzählung beendet. Sie hat ihre Wirkung auf seine Zuhörer nicht verfehlt. Der anwesende Gutsherr selber lädt ihn zum Essen ein und bietet ihm Obdach auf seinem Heimmarsch an.

»Wohin führt eigentlich dein Weg, Soldat?« will aber der Großknecht noch wissen. Und die Großmagd fragt nach seinem Namen und seinem Herkunftsland. »Oder gibt Er darüber nur Herzögen und Oberkommandierenden Auskunft?« fügt sie hinzu.

»Ich heiße Karl Heinrich Stilpner«, antwortet der Soldat. »Und mein Vaterland ist Kursachsen. Im Erzgebirge, an der Grenze zu Böhmen, bin ich aufgewachsen. Und dorthin will ich jetzt heimkehren. Ich hoffe, daß meine Mutter und meine Geschwister und meine Freunde noch am Leben sind.«

»Wenn Er aber Kursachse ist, wie kommt er dann in die preußische Armee?!« fragt ein Gutsnachbar aus der Runde.

»Das ist freilich eine Geschichte für sich«, sagt Stülpner, und er setzt an, auch dies zum besten zu geben.

»Jetzt muß sich unser weitgereister Gast erst einmal stärken«, sagt der Gutsherr. »Die Geschichte kann er uns danach erzählen. Oder morgen, wenn er noch bleiben und sich noch ein wenig herausfüttern will, bevor er seinen langen Heimmarsch fortsetzt.«

*

Stülpner gehört zu den großen Wanderern des 18. Jahrhunderts. Wäre er kein Analphabet gewesen und hätte er literarische Ambitionen gehabt, er hätte einen eigenständigen Beitrag zum reichen Reiseschrifttum jener Zeit leisten können. Freilich gelangte er nicht nach Syrakus und verschlug es ihn nicht übers große Wasser nach Amerika wie seinen berühmten Landsmann und Zeitgenossen Johann Gottfried Seume. Immerhin hätte Stülpner einen »Spaziergang in die Champagne« verfassen können.

Nach seiner Flucht aus dem Militärarrest hatte er in Sachsen nicht bleiben können. Dort wurde er wegen anhaltender Wilddiebereien, an einem Jägerburschen verübter Tätlichkeiten und wegen Desertion aus der Armee verfolgt. Stülpner hatte den uralten Fluchtweg nach Süden genommen. Er war über die böhmisch-österreichische Grenze gegangen, hatte sich durch verschiedene legale und verbotene Beschäftigungen über Wasser gehalten, hatte schließlich, durch sein Schießtalent aufgefallen, eine Jägerstelle in Ungarn versehen. Vielleicht wurde er von den »stockkatholischen« Mitbediensteten und deren Brotneid aus den Diensten des Grafen Weßliniy gegrault? Vielleicht ging er auch nicht zum angestellten Förster an. Wie sollte er sich verhalten, wenn in dem ihm unterstellten Revier einer wilderte? Ein solches Amt mußte ihn über kurz oder lang in Gewissenskonflikte bringen. Es stand im Widerspruch zu seiner Überzeugung, daß das Wild jedem gehörte, der es zu erlegen vermochte. Vertrugen sich sein Weidmannstalent und sein Jägerstolz überhaupt mit den Beschränkungen, denen ein von den Launen und der Willkür seines Brotherrn abhängiger Herrschaftsjäger unterlag?

Stülpner »wanderte nun als Volontär hinaus in die Welt, um sich da ein wenig umzusehen«, schreibt Schönberg. Ein wenig klingt das nach dem Eichendorffschen »Taugenichts«. Und ein wenig von diesem hat auch in Stülpner gelebt. Er wandert zunächst wieder nach Norden, sieht sich die Kaiserstadt Wien an, geht weiter nach Bayern, nach Unterösterreich, nach Tirol, in die Schweiz, »von da, ohne weiter besondere Abenteuer zu bestehen, über Baden und Hessen ins Hannoversche«. Was Stülpner, der sich ja ein wenig in der Welt umsehen wollte, auf seinen Wanderungen sieht, beobachtet, erlebt, welchen Menschen er begegnet, welchen Eindruck der erste Anblick der Alpen und anderer unbekannter Landschaften auf ihn macht, wie er seinen Lebensunterhalt bestreitet – davon lassen Schönberg-Stülpner kein Wort verlauten. Nur daß der streitbare Taugenichts in Innsbruck eine Schlägerei mit Grenzjägern hat und acht Tage bei Wasser und Brot eingesperrt wird, bekommt der neugierige Leser zu erfahren. Seume hätte ein ganzes Buch darüber geschrieben. Entweder Stülpner und Schönberg legen einer näheren Beschreibung dieser Reisen vierzig Jahre später keine Bedeutung bei im Rahmen der Wildschützen- und Soldatenerinnerungen, oder Stülpner hat Grund zu schweigen. Oder Stülpner hat diese Wanderungen gar nicht gemacht und sich die ganze Zeit im Böhmischen aufgehalten und über die Grenze hinüber und herüber gewildert? Auf eine solche Möglichkeit deutet eine allerdings gegenwärtig nicht auffindbare Akte des ehemaligen Justizamtes Wolkenstein hin, die Herbert Wotte in seinem Buch »Jagd im Zwielicht«, Berlin 1983, zitiert. Danach soll Stülpner im Jahre 1788 im Oberamt Preßnitz von einem Jöhstädter Revierförster arretiert worden sein... Sind Stülpners Wanderungen Wildschützenlatein? Wollte er dadurch vertuschen, daß er sich hatte von einem Grünrock überraschen und einsperren lassen? Wiederum, warum wurde er dann nicht nach Chemnitz zu seinem Regiment gebracht? Die Kompanielisten schweigen. Eins ist sicher: Stülpner hat als Soldat des preußischen Regiments »Prinz Heinrich« am Interventionskrieg der Alliierten gegen das revolutionäre Frankreich teilgenommen.

Bei Osterode im Hannoverschen sah Stülpner im Vorbeiwandern ein Dragonerregiment exerzieren, »was sich vorzüglich durch seine schönen Pferde und Uniformierung auszeichnete«. Durch »den herrlichen Anblick und die schöne Haltung der *en carriere* dahin jagenden Reiter« wurde Stülpner derart fasziniert, »daß er sich aus Liebe zu seinem frühern Soldatenleben sogleich bei dem Regimentschef als Dragoner anwerben ließ.«

Stülpner war aus der Bahn geworfen und zugleich noch ein großes Kind. Er wußte noch nicht, was er wirklich wollte, wohin er eigentlich gehörte. In jeder Weise lebte er von der Hand in den Mund. Er war ein Taugenichts, freilich kein solch romantisch-lyrischer wie der Eichendorffsche. Er ließ sich von äußerer Eleganz, von schönen Pferden und blitzenden Uniformen blenden. Ein echter Abenteurer, faßt er einen entscheidenden Entschluß, ohne weiter an die Folgen zu denken. Er hatte keinen festen Boden unter den Füßen außer dem der Landstraße. Freilich waren es auch die Waffen, die ihn unwiderstehlich anzogen. In dieser Beziehung sind Jäger und Soldaten eng verwandte Berufe.

Und genauso schnell, wie Stülpner sich entschließt, Soldat zu werden, trifft er dann auch die Entscheidung, keiner mehr zu sein. Bei Schönberg liest sich's so:

»Nachdem er daselbst zur Zufriedenheit seiner Obern 1 Jahr 4 Monate als Dragoner gedient, ließ ihm sein reger Geist auch hier keine Ruhe und keine Rast mehr, weshalb er einst bei Nacht und Nebel mit Pferd, Sattel und Zeug, bis Hof echappirte, daselbst sein Pferd mit allem zusammen für 100 Thaler verkaufte, und sich für einen Theil dieses daraus gelösten Geldes wieder als schmucker Jäger umkleidete. Hierauf kehrte er nach einer Abwesenheit von beinahe 8 Jahren, in der Meinung, daß man während dieser langen Zeit seine Desertion vergessen haben würde, wieder in seine Heimath zurück.«

Hof war von jeher Ein- und Ausfalltor von Bayern nach Sachsen, übers Vogtland oder über Böhmen ins Erzgebirge. Stülpner hatte einfach Heimweh nach Scharfenstein und seinen Wildrevieren, wenn er auch nicht acht Jahre ständig in der Fremde war; diese Rechnung ist falsch. 1793 stand Stülpner bereits als preußischer Soldat in Frankreich.

Um 1790 ist Stülpner wieder in Scharfenstein. Er glaubt seine Vergehen verjährt. »Die obrigkeitliche Behörde, die sogleich auch von seinem Wiedererscheinen in Kenntniß gesetzt wurde, schien ihn ganz zu ignorieren, und duldete, so lange sie keine verdächtige und unerlaubte Handlung von ihm hörte, stillschweigend seine Gegenwart.« (Schönberg) In der Tat haben die Justizbehörden andere Sorgen. Der Gerichtshalter der Herrschaft Scharfenstein gibt, wie viele Amtsinhaber im Erzgebirge und in ganz Kursachsen, dem Kurfürsten Bericht über Unruhen unter den Untertanen. Im Mai des Jahres 1790 hatten die Bauern im Elbgebirge begonnen, das großen Schaden verursachende Wild von ihren Fluren und aus den angrenzenden Wäldern zu vertreiben oder zu erlegen. Der Aufstand breitet sich bald über ganz Sachsen aus. Die Bauern in etlichen Herrschaften rotten sich zusammen, vertreiben die Gutsherren, begehen Tätlichkeiten gegen sie, verweigern feudale Lasten und Frondienste. Auch das Amt Wolkenstein, zu dem Scharfenstein gehört, ist von der Bewegung erfaßt. Doch gegen Ende des Sommers ist der sächsische Bauernaufstand niedergeschlagen. Freilich schwelt die Unzufriedenheit unter der Landbevölkerung weiter. Einmal hat man gezeigt, was eine Harke ist, sich offen gegen die großen Lasten und Ungerechtigkeiten aufgelehnt. Und die Behörden haben einen Schreck bekommen. Sie sind daran interessiert, daß Ruhe in den Ämtern herrscht. Sie sind bereit, bei einzelnen Vorkommnissen ein Auge zuzudrücken.

Stülpner war nicht lange untätig in der Behausung der Mutter geblieben. Er nahm seine Wildereien wieder auf, ja er dehnte sie aus. Er bejagte die Wälder mit zuverlässigen Genossen im großen Stil. Vor allem die Kammwälder um Satzung, Reitzenhain, Preßnitz sind seine bevorzugten Reviere. Aber er ist auch in den Stollberger, den Schwarzenberger, den Marienberger Forsten präsent. Immer mehr Beschwerden von den Förstern gehen bei den Behörden ein. Zunehmend solidarisiert die Bevölkerung sich mit dem Wildschützen. Die Obrigkeit muß etwas unternehmen, trifft Maßnahmen zu seiner Verhaftung.

»Stülpner, dem diese ernstlich getroffenen Maßregeln nicht unbekannt blieben, verließ jetzt seine erzgebirgischen waldigen Behausungen, um seinen ihn immer mehr umlauernden Verfolgern einige Ruhe zu gönnen, und wanderte wieder mit einer gut gefüllten Börse als Volontär nach Baiern.« (Schönberg)

Stülpner will sich offenbar nicht wieder allzu weit von seiner Heimat entfernen, um sobald als möglich zurückkehren und das alte Treiben wieder aufnehmen zu können. Er treibt sich in der Gegend von Bayreuth herum, tritt, »versehen mit den von seinen früheren Herrschaften empfehlenden Attestaten, wieder als Revierjäger in die Dienste eines Herrn von Reitzenstein auf Kunersreuth, mit einem monatlichen Gehalt von 7 Thalern und verblieb daselbst, ohne daß sich unterdessen etwas Besonderes für ihn zutrug, beinahe zwei Jahre. Von hier kam er ebenfalls wieder als Revierjäger in die Dienste eines Herrn von Plotaw auf Zedtwitz in der Gegend von Hof, wo er 14 Monate aushielt, dann von seinem unruhigen Geiste fortgetrieben, wieder sein Bündel schnallte, und abermals nach Baireuth wanderte.« (Schönberg)

Die lokalen, die personellen Angaben stimmen, nur mit der Dauer der Dienstzeit gehen Stülpner-Schönberg wieder sehr großzügig um.

Vielleicht hätte Stülpner noch eine und noch eine und noch eine Jägerstelle in Bayern angenommen und wäre dann wieder heimgekehrt. Da macht die Weltgeschichte seinem harmlosen Wanderleben ein abruptes Ende. Das Volk von Paris hatte die Bastille gestürmt, die französischen

Bauern hatten sich erhoben, die Menschenrechte waren verkündet worden, im westlichen Nachbarland Deutschlands war das unterste zuoberst gekehrt worden. Das ungeheuerliche Geschehen rief die Fürsten in Europa auf den Plan. Sie sahen ihre Macht gefährdet, die alte Ordnung bedroht. Preußen verbündete sich mit Österreich, dem Erzrivalen, um gegen das revolutionäre Frankreich vorzugehen und dem Spuk ein Ende zu machen.

Gerade jetzt traf Stülpner das Schicksal eines manchen Wanderers in diesem Jahrhundert. Im Handumdrehen wurde aus ihm ein Zwangsmarschierer.

»Als nun damals der Markgraf, Carl Alexander, Anspach und Bayreuth an Preußen abgetreten hatte, so hielten sich bei Stülpners Ankunft daselbst eine Menge preußische Werber auf, um junge kräftige Leute in ihr Garn zu locken.« (Schönberg)

Nach tapferem Widerstand wurde Stülpner von der Übermacht eines preußischen Werbekommandos in einem Wirtshaus vor Bayreuth überwältigt und tags darauf als Rekrut nach Preußen abgeführt, wo er in das in Spandau garnisonierte Infanterieregiment »Prinz Heinrich« gesteckt wurde. Ein Fluchtversuch mißlang. Er landete im Arrest. Der preußische Drill auf dem Kasernenhof war für ihn eine Fortsetzung der Haft. In der preußischen Armee pfiff ein anderer Ton, in der sächsischen war es dagegen geradezu gemütlich zugegangen. Und keine Möglichkeit, durch einen Ausnahmeposten dem stumpfsinnigen Dienst zu entgehen. Die Regimentsoffiziere hatten kein Pachtjagdrevier und brauchten keinen Jäger.

Als auch sein Regiment im Sommer 1792 gegen die Neufranken ins Feld zog, war es für Stülpner eine Erlösung. Er ahnte nicht, was ihm bevorstand. Er zog in keinen zweiten »Kartoffelkrieg«. In Frankreich flogen richtige Gewehr- und Kanonenkugeln durch die Luft. Zwei Welten standen einander auf Tod und Leben gegenüber. Und Stülpner stand auf der falschen Seite. Der Korporal in seinem Rücken zwang ihn, gegen seine eigentlichen Schicksalsgenossen, gegen französische Bauern, Handwerker, Manufakturarbeiter, gegen die Sansculotten, seine eigentlichen Brüder, zu kämpfen. Er wird es im mörderischen Kugelhagel nicht so empfunden haben. Vielleicht hat er auch niemals erfahren, daß das französische Volk auch die feudalen Jagdprivilegien abschaffte... Stülpners Gegner kämpften schonungslos. Er war ein Eindringling, er war im Unrecht. Die Franzosen kämpften für ihre neugewonnene Freiheit und für ihr Vaterland. Er gehörte zu einer Armee von Söldnern und Gepreßten.

Stülpner war Augen- und Ohrenzeuge der entscheidenden Kanonade von Valmy. Während kaum eine Kanonenschußweite entfernt sein großer Zeitgenosse, der Geheimrat und Dichter Johann Wolfgang Goethe, der als Freund und Günstling des in preußischen Militärdiensten stehenden Herzogs von Weimar an dem Feldzug teilnahm, im Offizierszelt seine nachmals berühmtgewordenen Worte über die weltgeschichtliche Bedeutung der Schlacht sprach und sich angelegentlich mit der Erforschung des »Kanonenfiebers« und mit anderen Beobachtungen und wissenschaftlichen Überlegungen befaßte, kämpfte der Gemeine Stülpner unter freiem Himmel und auf schlammigem Feld um sein Überleben.

Wenn Stülpner auch stolz darauf war, dem Herzog von Braunschweig von Angesicht zu Angesicht gegenübergestanden und von ihm Lob und Anerkennung für sein umsichtiges Verhalten und aus der gnädigen Hand einen Dukaten empfangen zu haben, so hat er darüber sicher nicht vergessen, wie er in die preußische Armee gekommen war. Die militärische und menschliche Überlegenheit der Feinde war ihm nicht entgangen. Und wenn er, auf dem schrecklichen Rückmarsch, links und rechts seine Kameraden an Hunger, Schwäche, Kälte, an Ruhr und faulen Fiebern jämmerlich zugrundegehen sah, wird er immer sehnsüchtiger an seine Heimat und an seine Wälder gedacht haben.

Nach der dreitägigen blutigen Schlacht bei Kaiserslautern, gegen Ende November 1793, nachdem seine nächsten Kameraden gefallen waren und er selber durch einen Bajonettstich verwundet worden war, faßte er den Entschluß zur Desertion. Vielleicht hat er sich die Stichwunde am rechten Oberarm auch selber beigebracht. Einen Invalidenpaß soll er sich nach Schönberg zur Sicherheit rechtzeitig besorgt haben. Mit den preußischen Feldwachen war nicht zu spaßen.

Als er an einem nebligen Wintertag in der Nähe von Weißenburg selber auf äußerstem Vorposten auf Feldwache steht, setzt er sich ab. Es ist seine dritte Fahnenflucht. Ihm gelingt es, unbehelligt aufs rechte Rheinufer zu kommen. Es wimmelte von Militär.

Sein Heimmarsch mitten im Winter und quer durch Deutschland beginnt. »Seine ganze Baarschaft bestand, als er von seinem Posten wegflüchtete, aus drei Kreuzern...«, ...« weiß Stülpner noch nach vierzig Jahren. Solche Beträge vergißt man wohl auch nicht. Dabei hatte Stülpner die ganze Zeit seine Haut zu Markte getragen. Doch dieser erzgebirgische Odysseus oder Eulenspiegel ließ sich nicht unterkriegen. Er traf »folgende kluge Maßregel zur Fortsetzung seiner Heimkehr«: Er »kehrte nämlich meistentheils in Klöstern, auf Rittergütern und auch oft bei Landgeistlichen ein, wo er nicht nur mit Speis' und Trank immer gut versorgt wurde, sondern, da er nach Angabe seine Paßes, als preußischer, aus dem französischen Revolutionskriege zurückkehrender Invalid, damals viel Theilnahme erregte, und überall seine bestandenen Abenteuer, so wie die erlittenen Schicksale der verbündeten Truppen erzählen mußte, wo es Stülpner an Auftragung der grellsten Farben nicht fehlen ließ; so wurde ihm ausserdem von den oft reichen Klosterbewohnern und Gutsbesitzern beim Abschied gewöhnlich ein reichliches Victicum eingehändigt, so, daß er auf diese Art nicht nur nicht für Zehrungskosten sorgen durfte, da sein ausgehungerter Körper überall hinlänglich mit Proviant restaurirt wurde; sondern noch ausserdem seinen längst an der Schwindsucht leidenden Beutel wieder füllen konnte. Von Rhein-Baiern nahm Stülpner seine Marschroute nach Hessen-Darmstadt, und von da über Frankfurt nach Fulda, wo er bei einem reichen Bürger, dessen Sohn in der erwähnten Schlacht bei Pirmasens geblieben war, vierzehn Tage verweilen mußte, und daselbst herrlich verpflegt, ausser Geld noch mit guten Kleidungsstücken reichlich beschenkt wurde...«

Stülpner war nicht nur ein ausgezeichneter Jäger, er war auch ein versierter, ja raffinierter Erzähler. Aus dem Krieg mit nicht viel mehr als mit seinen Erlebnissen zurückkehrend, setzte er diese unterwegs in Proviant, Kleidung und klingende Münze um, indem er sie wirkungsvoll, unter »Auftragung der grellsten Farben«, den richtigen Zuhörern zum besten gab. Dabei hatte er Gelegenheit, interessante Beobachtungen in bezug auf die politische Einstellung der Bevölkerung zu machen. Je weiter er das revolutionäre Frankreich hinter sich zurückließ, um so konservativer dachten die Leute, die er zum Publikum hatte. Er hütete sich, ihnen die Wahrheit auf die Zähne zu binden, wenn sie ihm schadete. Als er nach Thüringen kam, sich Kursachsen näherte, da war er eben nicht mehr in die preußische Armee gepreßt worden, sondern aus innerer Überzeugung in dieselbe eingetreten, um die geheiligte alte Ordnung vor den blutrünstigen Neufranken zu schützen. Und es waren nicht mehr nur 15 oder 20 ermordete Kameraden, die er in dem französischen Gutshofskeller fand, sondern 50 oder 100. Und schon gar nicht mehr war er ein Fahnenflüchtiger, sondern ein in allen Ehren vom Herzog von Braunschweig persönlich entlassener Invalid.

In den Ostertagen des Jahres 1794 soll Stülpner im heimatlichen Scharfenstein eingetroffen sein.

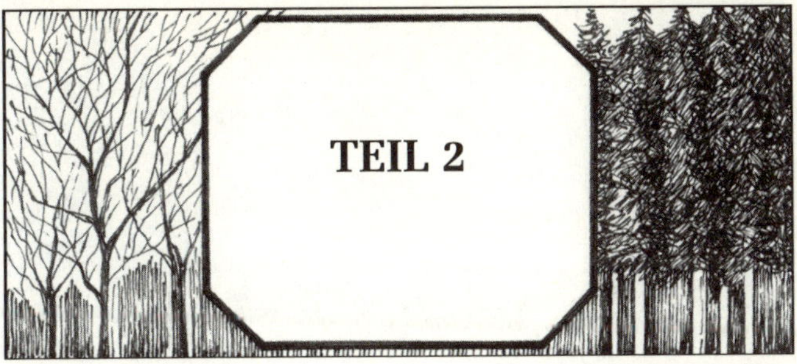

Viel lieber wollt ich kein Jäger mehr sein

»Ein jeder Jäger bläst sein Horn, er bläst sein Horn,
und was er bläst, ist alles verlor'n.

›Soll es denn allers verloren sein, verloren sein?
Viel lieber wollt ich kein Jäger mehr sein.‹«

Hört, ihr Herren, und laßt euch sagen

Der Scharfensteiner Nachtwächter macht seine Morgenrunde.

Keine zwei Steinwürfe von der Wohnung seiner Mutter im Gottschalk-Haus im Gänsewinkel entfernt, wo Gerichtsspitzel ihn noch in der Abendstunde auf der Ofenbank liegen sehen haben, hält Stülpner sich zu Beginn einer der größten gegen ihn gerichteten Fahndungsaktionen in der Tat bei einem Mädchen auf. Freilich ist es nicht, wie hämische und verleumderische Zuträger es ausdrücken, irgendein leichtlebiges Stück »Mensch«, das er »karessiert«. Es ist niemand anderes als Johanne-Christiane, das Töchterchen des Ortsrichters Wolf, der von Amts wegen vom Gerichtshalter zu der Fahndungsaktion beigezogen wird. Vielleicht ahnt Wolf, wer da öfter heimlich um sein Haus streicht und in die Kammer seiner Tochter einsteigt. Sein Amt verpflichtet ihn, den Gesuchten anzugeben, jeden Verdacht dem Gerichtshalter zu melden. Doch Wolf kann und will nicht wahrhaben, was er vermutet. Die Stülpner-Familie gehört zur weitläufigen Verwandtschaft und Freundschaft der Wolfs, und Wolf selber hält Stülpner für keinen Verbrecher. Und insgeheim hofft er, der Stülpner werde alsbald wieder von seiner Tochter lassen, es sei nur eine seiner vielen Tändeleien, für die er bekannt ist. Und er hofft, daß die Geschichte ohne Folgen für sein Töchterchen bleibe.

Stülpner mag ein großer Schürzenjäger gewesen sein. In ganz jungen Jahren kam er zu den Soldaten und hinaus aus dem engen Scharfensteiner Tal. Quer durch Europa ist er gezogen, ist in Böhmen und in Ungarn, in Wien und in der Schweiz gewesen, ist bei den Dragonern geritten und hat als preußischer Musketier in Frankreich gestanden. Er hat Dinge gesehen und erlebt und getrieben, die in keinem Katechismus stehen... Doch was er selber niemals geglaubt hätte, ist mit ihm geschehen. Ihn, der in sein 34. Jahr geht, hat ein gerade achtzehnjähriges Ortsrichterstöchterlein außer Rand und Band gebracht, seit er aus dem Krieg gegen die Neufranken heimgekehrt ist. Die Ortsrichterin schämt sich der armen Stülpner-Verwandtschaft, rümpft die Nase besonders über ihn, den Habenichts und Tunichtgut. Nun ist umgekehrt ein Schuh draus geworden. Das Mädel hat ihn, den Wildschützen, soweit gebracht, daß er sein ungebundenes Leben und Treiben für immer aufgeben will. »Beim Jagen und beim Lieben weiß man wohl, wo man anfängt, aber nicht, wohin man kommt.« Das alte Sprichwort bewahrheitet sich an ihm. Er will auch endlich leben wie andere Menschen, will leben, wie seine Vorfahren gelebt haben seit eh und je. Er will sich offen zu dem Mädchen bekennen, das ihn liebt und das er liebt und das ein Kind von ihm unter dem Herzen trägt. Er will sich nicht mehr wie der Dieb in der Nacht zu seiner Liebsten schleichen müssen. Er will seine Hanne-Christ heiraten, will mit ihr eine Familie gründen, will für sie sorgen und sie beschützen, will mit ihr unter einem Dach leben wie andere Menschen auch. Und es hat sich gut angelassen, es bestand alle Hoffnung, daß er in die bürgerliche Ordnung werde zurückkehren können, daß sein und seiner Liebsten sehnlichster Wunsch in Erfüllung gehen werde. Hanne-Christiane hat einen Brief aufgesetzt und heimlich dem Burgpächter Philipp in die Hände gespielt. Darin wurde der Pächter gebeten, zu einer geheimen Unterredung an eine unbeobachtete Stelle in den Wald in der Nähe der Burg zu kommen. Stülpner hatte schmunzeln müssen, als er den Pächter geschniegelt und aufgetakelt nach der neuesten Mode den Waldweg dahertänzeln sah. Der alte Schwerenöter hatte wohl angenommen, ihm stehe ein Schäferstündchen bevor, war das Brieflein doch von einer zarten Frauenhand geschrieben. Schrecken und Enttäuschung standen auf seinem Gesicht, als statt einem verführerischen Frauenzimmer der berüchtigte Wildschütz mit schußbereitem Gewehr aus dem Gebüsch trat. Doch der Pächter mochte sein, wie er wollte, er hatte schon ein manches Mal Verständnis und Gefühl für die Nöte der armen Untertanen gezeigt. Und er versprach nun auch, Stülpner in seinen besonderen Nöten zu helfen.

»Hat es Ihn also ernsthaft erwischt, Stülpner?« hat Philipp gesagt. Und neugierig geworden, wollte er wissen, wer die zarten Bande um den hartgesottenen Gesellen gelegt habe. Stülpner konnte und wollte den Namen der Geliebten nicht preisgeben. Dann wurde Philipp ernst. »Auf Desertion steht von Rechts wegen der Galgen«, sagte er. »Und anhaltende Wilddiebereien werden mit langjähriger Festungshaft und Zwangsarbeit bestraft.«

Und er, Stülpner, wolle begnadigt werden? – »Ich kehre dafür freiwillig in mein Regiment nach Chemnitz zurück, Herr Pächter!« – Das könne er nicht entscheiden, meinte Philipp. Solch eine schwerwiegende Angelegenheit könne nicht einmal der Patronatsherr von Einsiedel verantworten. Für eine Begnadigung in diesem Falle komme nur der Landesherr allein in Frage. Immerhin könne der Patronatsherr eine solche befürworten und unterstützen... Stülpner bat den Pächter um Vermittlung eines Gesprächs mit dem Patronatsherrn, Philipp versprach's – »schon aus Neugier, ich will wissen, was das für ein Mädchen ist, für das Er Sein freies Leben aufgibt« – und Philipp hielt Wort. Bei Stülpners Mutter ging die Botschaft vom Burgherrn ein, Stülpner solle zu bestimmter Stunde an einem Ort im Wald über der Burg sein. Stülpner beobachtete den Treffpunkt genau, um in keine Falle zu gehen. Die Luft war rein. Nur daß sich beim Major von Einsiedel ein weiterer Herr befand. Stülpner erkannte in ihm Rittmeister von Zinsky, Herrn auf Gut Hilmersdorf und Rentamtmann auf Wolkenstein. Stülpner zögerte. Doch dann wagte er's in Gottes Namen und trat offen zu den beiden, freilich mit zwei Pistolen im Gürtel und seinem Hirschfänger an der Seite. Doch das Gespräch verlief friedlich und hoffnungsvoll. Die Herren zeigten Anteilnahme an Stülpners Schicksal. Sie hatten Erkundigungen über ihn eingezogen und hielten ihn für keinen schlechten Kerl. Die Herren versprachen ihm, sich beim Landesherrn für sein Anliegen zu verwenden. Doch bei Hofe gehe solches langsam voran, Stülpner werde müssen einige Geduld aufbringen. Solange aber möge er sich ruhig verhalten, keine weitere Schuld auf sich laden, den Behörden keinen Anlaß zu Beschwerden geben. Am besten er bleibe unauffällig in der Wohnung seiner Mutter, während sie in Dresden bei Hofe sich für ihn verwendeten und für ihn gutsagten. Man kam überein, daß Stülpner freiwillig in sein Regiment nach Chemnitz zurückkehren und die gebotene Dienstzeit absolvieren werde, wenn man ihm die Strafe für seine Wilddiebereien erlasse. Bei Nichterlaß, machte Stülpner geltend, werde er sich nicht lebend stellen oder ergeben. Die Herren waren einverstanden. Ja da Stülpner brotlos sei, versprachen sie, ihn auch da zu unterstützen. Major von Einsiedel sagte wöchentlich einen Laubthaler und Rittmeister von Zinsky alle vierzehn Tage ein Viertel Korn zu, was sie auch hielten.

Und nun ist Stülpner auf dem Weg von seinem Mädchen zur Wohnung der Mutter, und da sieht er das Haus umstellt von Militär! Er nähert sich vorsichtig, beobachtet eine Weile das Geschehen, und ihm schwant nichts Gutes. Er hört hinter sich Männer kommen, erkennt den Ortsrichter darunter, fragt ihn, was los sei. Der sagt, vor den anderen Männern, er wisse nur, er sei zur Wohnung der Stülpnerin bestellt. Doch wie die anderen weitergehen, bleibt der Ortsrichter kurz zurück und flüstert Stülpner zu, er möge sich schleunigst davonmachen, es gehe gegen ihn...

Die Warnung mag gut gemeint sein. Der Richter ist in keiner leichten Lage.

Doch was soll Stülpner nun denken! Dieser hinterhältige Überfall! Hat der Burgherr, ein Adeliger aus altem, berühmtem Geschlecht, sein Wort gegen den Wildschützen und Deserteur gebrochen? Ist sein Versprechen eine üble Falle gewesen? Stülpner kann und will es nicht glauben. Der Major von Einsiedel ist ein alter Soldat, und er hat Stülpner echtes Verständnis für sein Verhalten gezeigt. Stülpner fällt ein, der Major ist verreist, seit einigen Tagen. Davon hat der Gerichtshalter in Thum Wind bekommen. Und durch seine Zuträger in Scharfenstein hat er erfahren, daß er, Stülpner, sich arglos und offen in der Wohnung der Mutter aufhält. Der Günther und die Forstbeamten haben allen Grund, eine Begnadigung Stülpners zu hintertreiben. Der hat ihnen manches Schnippchen geschlagen, und all ihre Suchexpeditionen waren ein Schlag ins Leere, und sie waren die Blamierten...

Wiederum, hat ihnen der Herr von Einsiedel nicht von der Abmachung Bescheid gegeben? ...

Stülpner ist von schlimmen Zweifeln geplagt. Und in ihm steigen Wut und Empörung hoch. Gerichte, Förster, Militär sind gegen ihn aufgeboten wie gegen einen Kapitalverbrecher. Mitten in der Nacht, heimlich riegeln sie den ganzen Ort ab, besetzen feldmarschmäßig das Haus! Wie mag seine alte Mutter den Schreck überwinden. Sie hat genug durchgemacht in ihrem Leben! Und sie war glücklich, als sich alles für ihn zum Guten zu wenden schien.

Doch es soll nicht sein. Stülpner erkennt wieder die tiefe, schier unüberbrückbare Kluft, die sich schwindelnd zwischen den Beamten und Behörden und ihm selbst auftut. Es war ein Wunschtraum, eine Lüge gewesen. Er sollte nicht leben wie andere Menschen. Ihm war es nicht beschieden, Ruhe zu finden, geborgen und sicher inmitten der anderen zu leben. Die Förster und die Gerichte würden ihm nicht verzeihen, wenn schon der Landesherr ihn begnadigen würde. Sie würden immer Mittel suchen und finden, sich an ihm zu rächen... Von klein auf war ihm doch alles schief gegangen, ist alles verfahren gewesen.

Tiefe Verzweiflung, Mutlosigkeit, Niedergeschlagenheit überfallen ihn. Für ihn ist alles aus, glaubt er. Was bleibt ihm denn noch? Mit seinem Mädchen kann er nicht leben. Er muß sein unstetes und unsicheres Leben weiterführen, wie er es bisher tat. Soll er wieder in die Fremde ziehen? Es zöge ihn immer in die Heimat, zur Mutter, zu seinem Mädchen zurück. Er wird weiter immer auf der Hut sein müssen vor den Häschern, die ihn mit immer größeren Kommandos gnadenlos verfolgen werden. Eines Tages wird er ihnen in eine Falle gehen. Oder er wird endlich die Waffe gegen sie richten, wird seine Hände mit Blut beflecken, wird zum Mörder und Räuber werden, wie es viele seines verbotenen Gewerbes wurden... Doch ihm bleibt nichts anderes übrig. Und wenn es denn sein muß, so soll es gleich sein. Er wird sich der Übermacht der Häscher stellen. Er wird sich nicht wie ein Fuchs im Bau verkriechen. Er wird ihnen ein letztes Mal beweisen, ein letztes Mal und für immer wird er ihnen zeigen, daß er auf seine Art zu leben und zu sterben weiß...

Der alte Mut und der alte Trotz und Stolz erwachen in ihm. Und wenn es ihrer über hundert wären, die kriegen ihn nicht lebendig, und die schlagen ihn nicht in die Flucht. Die sollen es nicht umsonst gewagt haben, ihn zu nachtschlafender Zeit zu überfallen... Sie sollen ihren Denkzettel bekommen.

Mit Schaudern denkt er daran, was geschehen wäre, wäre er diese Nacht nicht bei seinem Mädchen gewesen. Hätte er bei der Mutter genächtigt, er hätte keine Chance gehabt zu entkommen. Nun will er seine so gewonnene Freiheit teuer verkaufen.

Zum Glück hat er seine gute Doppelbüchse nicht in der Wohnung der Mutter zurückgelassen, sondern sie in ein sicheres Versteck gebracht. Er muß es geahnt haben... Er schleicht sich, von Häusern und Zäunen gedeckt, zur Brükke. Davor steht ein Posten. Auf der Straße vor dem Haus, rings um das Haus wimmelt es von Musketieren. Hinter dem Ufergebüsch schleicht er zur Brücke und hangelt sich am Untergebälk, wie er es als Junge oft übte, über den dumpf rauschenden Fluß hinüber. Den Berg hinauf eilt er nach Grießbach, zum Hof seines Patenonkels. Er holt seine Büchse aus dem Versteck unter der Scheunentenne hervor, wickelt sie aus dem Segeltuch, überprüft ihre Tüchtigkeit. Es fehlt ihm an der passenden Munition. Jedoch befindet sich ein Vorrat an Kommißkugeln im Versteck. Nicht nur im Abschießen, auch im Herstellen der Kugeln geschickt, schnitzt er aus den zu großen Kugeln die passenden zurecht. Er eilt zurück, hangelt, die Büchse fest geschultert, sich ans Scharfensteiner Ufer zurück, umgeht die Posten, pirscht sich von hinten ans Nachbarhaus heran. Vorsichtig klopft er den Nachbarn heraus und erfährt von ihm, wie man seiner Mutter und seinen Wirtsleuten mitgespielt, daß man sich an seinem persönlichen Eigentum vergriffen und seine Jagdsachen beschlagnahmt hat. Die Narbe an seiner Stirn schwillt rot an. Am liebsten würde er die Posten über den Haufen schießen und zu seiner Mutter ins Haus gehen. Zu seiner Verzweiflung kommen Haß und Wut. Doch der erfahrene Soldat besinnt sich. Er schickt den Nachbarn zur Mutter hinüber. Er will wissen, wie es ihr und den Wirtsleuten geht. Die Mutter hat den Schrecken gut überstanden, beim Gottschalk-Mäurer ist das schlimmste zu befürchten. Stülpners Fäuste ballen sich um den Gewehrkolben, als ob sie ihn zerquetschen wollen. Er überhört den gutgemeinten Rat des Nachbarn, den Ort schleunigst zu verlassen. Die Beamten und der Offizier säßen auf der sichern Burg, die Soldaten im Ort. Er steigt den Burgberg hinan, in den Bleichgarten der Burg, bezieht Posten vor dem Außenportal. Seit Kindertagen, da er hier mit den Kameraden »Räuber und Gendarm« gespielt und Jagd auf Eichhörnchen und Eichelhäher gemacht hat, kennt er hier jeden Baum und jeden Strauch, jeden Stein und jedes Versteck. Am liebsten wäre er über die Brücke hinweg durchs innere Tor in den Burghof hineingestürmt.

Doch er weiß, Geduld zeichnet den guten Krieger aus. Vom Portal aus kann er den Brückenweg und das innere Tor überblicken. Die Mauern geben ihm notfalls Deckung. Sollte von der Dorfseite her Gefahr drohen, zieht er sich hinter die Seitenmauern in den Garten zurück, wo die Bäume ihm Schutz geben.

Stülpner blickt hinunter auf den Ort. Wie verschüchterte Küken unter die Henne, ducken die armseligen Hütten der Einwohner sich unter die Burg. Er ist es den Menschen dort schuldig, sich von all den Lasten und Demütigungen nicht unterkriegen zu lassen. Sein verzweifelter Mut soll auch ihnen Courage machen, sich gegen Unterdrückung, Ungerechtigkeit und Willkür zur Wehr zu setzen. Mag sein Gegner in der Übermacht sein. Er hat Mut für hundert. Er hat nichts mehr zu verlieren. Sie haben ihm schon alles genommen. Die aber, die ihm alles genommen haben, fürchten um ihre Habe, um ihr Amt, um ihr Leben. Wie aus dem Boden gewachsen steht er da, die Büchse in Anschlag, aufrecht, vor der sich mächtig vor ihm erhebenden Burg mit den dichten Mauern, dem hohen Giebel, dem wuchtigen Bergfried, der seit Menschengedenken hier steht und allen Wettern und Feinden trotzt.

Der Morgen graut. Ein kalter Wind weht. Es hat zu regnen angefangen. Um den Bergfried kreischen die Dohlen. Auch unten im Dorf erwacht das Leben. Rauch steigt aus den Feueressen. Aus den Stallungen des Gutshofes dringen Kuhgebrumm und Pferdegewieher herauf, die Stimmen der Mägde und Knechte, Kettengerassel.

Da kommen zwei Männer aus dem Burghof. Stülpner tritt hinter den Pfeiler des Portals, preßt sich an die Seitenmauer, die Büchse schußfertig in der Hand. Als die Männer aus dem Portal getreten sind, gebietet Stülpner ihnen mit vorgehaltener Büchse halt. Er kennt die beiden, es sind Gerichtshelfer aus dem Dorf. Der eine trägt seine Jagdtasche und den Hirschfänger, der andere die Flinte und den Rock.

»Wohin wollt ihr mit meinem Eigentum?!« fragt Stülpner.

»Wir sollen die Sachen auf Befehl des Gerichtsverwesers aufs Gerichtsamt nach Wolkenstein bringen.«

»Den Weg könnt ihr euch sparen«, sagt Stülpner. »Ich geb' euch den Befehl, die Sachen demjenigen auszuhändigen, dem sie gehören.«

»Das geht nicht, Stülpner. Es ist unsere Pflicht. Und es ist besser für dich, wenn du dich in Sicherheit bringst.«

»Was für mich das Beste ist, das laßt meine Sorge sein. Für euch ist es das Beste, ihr legt sofort meine Utensilien hier vor meine Füße – sonst –«

Stülpner macht eine unmißverständliche Bewegung mit der Büchse.

Die beiden wissen, daß mit ihm nicht zu spaßen ist. Sie gehorchen seinem Befehl und wollen sich in Richtung Ort entfernen.

»Halt!« sagt Stülpner. »Kehrt marsch! Ihr habt die falsche Richtung! Ihr müßt doch dem Thumer Verweser Bericht erstatten, daß ihr euren Auftrag erfüllt habt. Sollte er nicht damit zufrieden sein, so mag er nur herauskommen und sich das Zeug zurückholen.«

Während sich vor dem Portal diese Szene abspielt, erscheinen im inneren Burgtor mehrere Reiter. Sie schicken sich an, den Hof zu verlassen und herauszukommen. Als vorderste der Männer erkennt er zwei Grünröcke, die er in schlechter Erinnerung hat, den Oberförster Pügner aus Geyer und den Förster Töpel. Also die haben sich auch an dem heimtückischen Überfall beteiligt!

Als die beiden Forstbeamten herausreiten wollen, stellt Stülpner sich mitten in die Portalöffnung und ruft ihnen sein durchdringendes: »Halt! Kehrt marsch!« entgegen.

Und da der Oberförster sein Pferd zu langsam wendet, hebt Stülpner die Doppelbüchse und nimmt den Mann scharf aufs Korn. In diesem Augenblick fühlt Stülpner all die Zurücksetzungen, die er erlitten hat, fast schmerzend bis in den äußersten Nerv seines Abzugfingers. Hinzu kommt die Erinnerung an die demütigende Behandlung, die seiner Mutter und dem Hauswirt bei dieser letzten Aktion zugefügt worden ist. Stülpner ist drauf und dran, auf den Mann abzufeuern... Der Finger krümmt sich schon. Etwas hält ihn zurück. Er sieht seine greise Mutter vor sich, wie sie von seiner Bluttat erfährt. Und er denkt an das Mädchen, das er liebt. Und vielleicht ist, ihm selbst nicht bewußt, doch noch die Hoffnung in ihm, daß es trotz allem doch noch gut werden könne.

Doch dem Herrn Oberförster einen Denkzettel zu verabreichen, kann Stülpner sich nicht versagen. Er senkt die Büchse um ein geringes und drückt ab. Der Gaul, auf die Hinterhand getroffen, bäumt sich und wirft den Förster um ein Haar ab. Dem Gaul schadet die Kugel nichts, sie hat die fette Keule nur gestreift.

Die Reiter im Innenhof ziehen sich augenblicklich zurück. Gleich darauf wird das Tor von ihnen verrammelt. Die wissen nun, woran sie sind.

Stülpner nickt grimmig vor sich hin. Nun hat er seine Verfolger in der Falle. Den Spieß einmal umkehren, das hat er sich schon lange gewünscht.

Jetzt erst merkt er, daß der zunehmende Regen ihn bis auf die Haut durchnäßt hat. In aller Ruhe legt er die nassen Sachen ab, ohne seinen Posten zu verlassen. Er behält den

Zugang zur Burg und das Burgtor fest im Auge. Er zieht den trockenen, regendichten Jagdrock über, den er den Bütteln abgenommen hat, schnallt den Hirschfänger, hängt sich die Flinte und die Jagdtasche um, der er nun die passende Munition entnehmen kann. So ausgerüstet, sieht er dem Kommenden mit aller Gelassenheit entgegen. Freilich könnte Proviant nichts schaden, die Zeit des Frühstücks ist längst vorbei.

Indessen hört er, wie die in der Burg Eingeschlossenen zum Fenster hinaus in den Ort hinunterrufen. Sie erteilen den unten einquartierten Soldaten strengen Befehl, den gemeingefährlichen Delinquenten endlich festzunehmen oder, falls dieser sich nicht ergebe, zu erschießen. Er wage es, die Vertreter der Obrigkeit in der Burg festzuhalten!

In Stülpner regt sich endlich der Humor. Er schlägt eine Lache auf, daß es zur Burg hinauf und in den Ort hinunterschallt. Dann rüstet er sich gegen den Anmarsch der Musketiere. Das kann gefährlich für ihn werden. Es sind immerhin zwei Dutzend bewaffnete und erfahrene Männer gegen einen. Doch Stülpner denkt nicht daran, sich aus dem Staub zu machen. Er wechselt nur die Stellung, indem er sich seitlich nach unten in den Bleichgarten der Burg zurückzieht. Von hier aus kann er, gut gedeckt, die Auffahrt zur Burg beobachten und den Burgberg und den Eingang im Auge behalten.

Von zwei Unteroffizieren angetrieben, kamen die Musketiere den Berg herauf. Im Sturmschritt, in Reih' und Glied. Als sie sich zwischen ihm und dem Burgportal befinden, ihm die volle Flanke bieten und ihnen leicht der Rückweg zu versperren ist, donnert Stülpner ihnen sein berühmtes »Halt!« entgegen. Und bevor sie zur Besinnung kommen können und seine Position hinter den Bäumen ausgemacht haben, ruft er: »He, Kerls! Wer's wagen will, der mag auf mich feuern! Mich schießt keiner tot!«

Stülpner steht weithin in dem Ruf, kugelfest zu sein.

In Gasthäusern haben viele Einkehrende gesehen, daß er unter dem Hemd auf der nackten Brust einen Kugelsegen trägt. Jeder darf ihn bestaunen, der es will. Er erzählt, er habe das Amulett von einem stockböhmischen Mönch bekommen, und es habe seine Wirkung nie verfehlt. In Kriegen und auf Feldzügen habe es ihn beschützt, im dichtesten Schlachtgetümmel habe es die Kugeln von ihm abgelenkt, daß es einfach ein Wunder sei. Und auch vor der Kugel eines manchen Grünrocks habe es ihn bewahrt. Wie ein schützender Panzer umhülle ihn eine unsichtbare, kugelabweisende zweite Haut. Dieser Nimbus umgibt Stülpner, und er verfehlt auch dieses Mal seine Wirkung nicht. Ob er nun selber daran glaubt, oder ob er Dummheit, Feigheit und Aberglauben der Leute ausnutzt, oder ob er seinem Glauben durch seine Klugheit, seinen Mut und seine Gewandtheit kräftig nachhilft, die Wirkung ist die gleiche. Wie ein Mann ist der ganze Trupp Musketiere stehengeblieben und rührt sich nicht.

»Ich dagegen, ich treff' jeden, den ich treffen will!«, ruft Stülpner und schießt zur Warnung in die Baumkrone über den Musketieren, daß die Zweige und Blätter auf sie herabfallen. »Und nun vorwärts marsch, Kerls, hinein zu euren tapferen Ober'n in die Burg!«

Stülpners Treffsicherheit ist ebenso bekannt wie seine Kugelsicherheit.

Die Kerls setzen sich in Trab, passieren das Portal, rennen über die Brücke, klopfen an das geschlossene Innentor, bitten dringend um Einlaß. Er wird ihnen gewährt. Sich ängstlich umdrehend, verschwinden sie eilig im Burghof. Hinter ihnen wird das Tor schnell wieder verrammelt.

Nun sind alle Verfolger Stülpners in der Burg eingeschlossen.

Er hat den Rücken frei. Stunde um Stunde vergeht. Die Belagerten, an die drei Dutzend gut bewaffnete Männer, wagen keinen Ausfall.

Der Belagerer friert in der Herbstkälte, sein Magen knurrt vor Hunger. Er aber denkt nicht daran, seinen Posten zu verlassen. Doch dann kommt Abhilfe. Kinder aus dem Ort bringen ihm Essen und etwas Warmes zu trinken. Die Eltern schicken es. Aus Dankbarkeit für manchen Hasen, den der Stülpner ihnen nachts über den Gartenzaun geworfen hat. Oder auch einfach aus Sympathie. Und dann bekommt er Nachricht von seinem Mädchen. Durch ihren jüngeren Bruder läßt sie ihm ausrichten, daß sie zu ihm halte, was auch passiere. Ja, jetzt erst recht.

Langsam fließen die Stunden des trüben Herbsttages dahin. Den Kindern aber folgen junge Burschen, Erwachsene schauen wie zufällig vorbei. Stülpner erntet Zuspruch, und ein manches Schafsäckel wird ihm gereicht, damit er einen wärmenden Schluck daraus nehmen kann.

Stülpner möchte schon wissen, ob die da drinnen in der Burg sich so lange einsperren lassen. Von einem einzigen Mann. Erst nach Einbruch der völligen Dunkelheit zieht er, von den Belagerten unbemerkt, ab. Er geht zur Mutter, ordnet seine wichtigsten Sachen. Wütend stellt er fest, daß seine guten Hemden fehlen. Landsknechte sind das, Marodeure! Es waren Musketiere aus Annaberg, nicht aus Chemnitz. Der Gerichtshalter Günther weiß, daß Stülpner in der Chemnitzer Garnison viele Freunde hat. In Annaberg kennt ihn keiner persönlich, dort hat er nie gedient. So hat er Hilfe aus Annaberg angefordert.

Erst am Vormittag des nächsten Tages wagen es die Belagerten, die Burg zu verlassen. Nachdem sie Späher vorgeschickt und die Umgebung der Burg genau untersuchen lassen haben. Der Auszug vollzieht sich unter strengsten Sicherheitsvorkehrungen. Die Gerichtsleute und die Forstbeamten gehen zu Fuß, aus Angst, aus dem Hinterhalt erschossen zu werden. Die Musketiere müssen ihnen mit ihren Leibern Deckung geben. Die Pferde werden nachgeführt. Die Ausziehenden verhalten sich, als ob ringsrum hinter jedem Baum und Strauch und Haus eine ganze Räuberbande im Hinterhalt liege. Dabei ist weit und breit kein Mann zu sehen, der ihnen ein Härchen krümmen könnte.

Das geschieht unter den verstohlenen Blicken der Scharfensteiner Untertanen. Die Häusler und Tagelöhner, die Gutsknechte und -mägde, sie können nur schlecht ihre Schadenfreude über die Blamage der Häscher verhehlen. Die Vertreter der Obrigkeit, von denen sie genug drangsaliert und gedemütigt worden sind, geben auf ihrem Rückzug ein schmähliches Bild ab. So müßte es all denen ergehen, die die einfachen Leute verachten, bevormunden und schädigen. Wenn's nur ein paar solche Kerle wie den Stülpner Karl mehr gäbe, denkt ein Mancher. Einmal mehr sind die Behörden durch den »Teufels-Karl« der Lächerlichkeit preisgegeben. Und Lächerlichkeit, das ist eine alte Weisheit, tötet sicherer, als wenn mit Pulver und Blei geschossen wird.

Den Stülpner aber, den schießt niemand tot!

Gewiß ist der längst über alle Berge. Und in alle Wälder!

Und in allen Berg- und Walddörfern und -städten weit und breit geht die Kunde von seinem neuesten Streich. Und neue Sympathien wachsen ihm zu unter den Bauern und Häuslern, den Waldarbeitern und Tagelöhnern im ganzen Gebirge.

Und als landauf, landab sein Signalement angeschlagen wird, sein behördlicher Steckbrief in den Zeitungen erscheint, da ist keiner von all den Menschen, die wissen, wo er dingfest zu machen wäre, auf die Belohnung scharf, die auf seine Ergreifung ausgesetzt ist. Dabei könnte ein jeder von ihnen die fünfzig Taler dringend gebrauchen...

*

Das ist der Stülpner Karl, wie man ihn kennt und liebt, wie man ihn bewundert und verehrt: ein Haudegen in Jägertracht, der ganze Häscherkommandos an der Nase herumführt, ja der eine mit Förstern und Soldaten besetzte Burg belagert.

Ein mancher tollkühne Streich ist dem Stülpner Karl angedichtet worden. Dieser nicht.

Schönberg erzählt ausführlich über das Begnadigungsersuchen Stülpners, über seine geheimen Unterredungen mit dem Burgpächter Philipp und seinem Patronatsherrn Major von Einsiedel und Herrn Rittmeister von Zinsky.

Aber auch die Akten sprechen ihre Sprache.

Unter dem 8. Oktober des Jahres 1795 ergeht eine Hohe amtliche Verordnung zur Verhaftung des Deserteurs aus Militärdiensten und Wildschützen Stülpner.

Vier Tage darauf findet die große Verhaftungsaktion in Scharfenstein statt. Die Leitung hat der Gerichtshalteradjunkt Carl Wilhelm Günther. Seinem erkrankten Vater und Amtsvorgänger hat Stülpner ein manches Schnippchen geschlagen.

Mitwirkende sind der Oberförster Pügner und Förster Töpel. Den Förstern hat Stülpner von jeher zu schaffen gemacht. Es ist ihre Aufgabe, Wilddiebstahl zu unterbinden und zu ahnden.

Zur Verstärkung ist ein Militärkommando aus Annaberg unter Befehl des Leutnants Öhlschlägel angefordert. Aus Annaberg. Nicht aus Chemnitz. In der Chemnitzer Garnison ist Stülpner zu gut noch persönlich bekannt, hat er zu viele Freunde aus seinen guten Regimentsjägerzeiten.

Schönberg schildert auch die Fahndungsaktion und ihr Fehlschlagen ausführlich. Nach seinen Worten aber befindet Stülpner sich in der Wohnung der Mutter, als die Häscher kommen.

»Stülpner, von allen diesen ernsten Anstalten nichts ahnend, befand sich wirklich, wie er seit der Verabredung mit dem Major (von Einsiedel) zu thun pflegte, bei der Ankunft dieser wohlbewaffneten Schaar ganz sorglos in der Behausung seiner Mutter, und hatte sich so eben, da es schon 10

Uhr war, auf der Ofenbank, seinem gewöhnlichen Lager, niedergelegt, als er plötzlich ein heftiges Klopfen vernimmt.«

Stülpner springt, nach Schönberg, auf, er verbirgt sich hinter der Haustür, und »bahnte sich nun, durch einige kräftige Sätze und unsanft austheilte Rippenstöße, einen Weg mitten durch die, das Haus umzingelnde, Besatzung, schlug sich so glücklich durch...«

Selbst einem so gewandten, mutigen und kräftigen Burschen wie Stülpner wäre die Flucht unter diesen Umständen und auf diese Weise wohl nicht gelungen.

Daß diese Version nicht der Wahrheit entspricht, geht aus dem amtlichen Bericht, den der Oberförster Pügner drei Tage nach diesen Vorfällen an seine vorgesetzte Behörde richtet, hervor. Pügner schreibt, daß, als man das Haus vergeblich durchsucht hatte, »die Gerichte gegen 12 Mann Unterthanen aufruffen« ließen, »um die Wachten zu verstärken. Und dazu wurde der Richter in Scharfenstein vor allererst mit aufgefordert. Wie nun dieser Richter seine Behausung abgehet und nebst noch einem Nachbar dahin zu kommen willens ist, so begegnet Stilpner diesen beyten und fraget den Richter, ob er nicht wisse, waß vor Cerls und Soltaten um sein Logis herumstünden. Da nun dieser antwortet, Er wisse es nicht, replicirt Stilpner, Er wolle nur seine Kugel-Büchse holen und gehet fort. Hierauf kam der Richter und meldete, daß Stilpner nicht im Hause sey, sondern ihm begegnet hätte. Nun entstundt die Vermuthung, daß der Stilpner ein Mensch in Scharfenstein caresiret. Er vermuthlich bey diesem Mensch mag gesteckt haben...«

Dem Richter mag diese »Vermuthung« durch und durch gegangen sein. In dem kleinen Ort ist das Verhältnis zwischen Stülpner und seiner Tochter wohl kaum verborgen geblieben. Vor seinen Ohren wagen es Einwohner, seine Tochter eine Dirne zu nennen. In der Tat aber ist Johanne-Christiane zu dieser Zeit in gesegneten Umständen.

Unter dem 26. Februar des Jahres 1796 steht im Kirchenbuch von Großolbersdorf verzeichnet:

»Ein todtgebohrenes Söhnlein Hannen Christianen Wolfin, so sie in Unehren empfangen von Heinrich Stilpner aus Scharfenstein... Stilpner hat sich, da er sich nicht selbst darf sehen lassen, bey der Nacht gegen die hiesige verpflichtete Wehefrau Wolfin als Vater dieser Leibesfrucht angegeben.

Es ist dieses Söhnlein nach dreitägigem Geburtskampf der Mutter durch Herrn Chirurgus und accoucheur Pohlern zur Welt gebracht worden, den 26. 2. früh ½5 Uhr.

Begraben mit Kapitel aufm Gottesacker den 28. 2. 1796«

Stülpner wollte sein Wildererleben aufgeben, weil sein Mädchen ein Kind erwartete. Er versuchte, ins bürgerliche Leben zurückzukehren. Der Gerichtshalter Günther machte ihm einen Strich durch die Rechnung. Er nutzte eine Reise des Patronatsherrn, um in dessen Abwesenheit die Verhaftungsaktion zu starten. Zwar entging Stülpner dem Kerker. Doch aus einem legalen Zusammenleben mit Hanne-Christiane wurde nichts. Er konnte ihr auch bei der schweren Geburt des Söhnchens und danach nicht beistehen. Alles, was er tun konnte, war, sich »bey der Nacht« als den »Vater dieser Leibesfrucht« anzugeben. Er hielt sich also in der Nähe der Geliebten auf.

Nach dem Bericht des Oberförsters Pügner fand die »Belagerung« der Burg Scharfenstein am 12. und 13. Oktober 1795 statt. Sein Schreiben ist mit dem 16. Oktober datiert. Am 4. November ergeht die Höchste Order zur Verhaftung des »Raubschützen« Stilpner. Zwei Wochen darauf erscheint der Steckbrief Stülpners im Justizamt Wolkenstein. Am 17. Dezember wird dieser Steckbrief in den »Leipziger Zeitungen« veröffentlicht. Er lautet:

»Nachdem in Gemäßheit eines unterm 4ten dieses Monats ergangenen höchsten Rescripts auf die Habhaftwerdung des eingezogener Erkundigung nach in der Gegend des im hiesigen Amtsbezirk gelegenen Ritterguths Scharfenstein sich aufhaltenden Raubschützens, Carl Heinrich Stilpners, welcher, dem Verlaute nach, mehr langer als kurzer Statur seyn, einen grünen Tuchrock, ein dergleichen kurzes Jagdwestchen, schwarzledernes Kuppel nebst Hirschfänger und Fangleine trägt, auch eine Jagdtasche, Flinte oder Kugelbüchse und ein großes Messer bey sich führet, fernerweit alle Sorgfalt angewendet, und die auf dessen Inhaftirung oder sichere Angebung bereits vorhin gesetzte Belohnung von 50 Thlr. auch unter andern in den öffentlichen Zeitungen nochmals zugesagt werden soll; als wird in Verfolg dieses höchsten Anbefohlnisses hierdurch nochmals zu jedermanns Wissenschaft bekannt gemacht, daß derjenige, welcher bemeldeten Stilpner zum Arrest bringen, oder auch selbigen zuverläßig und mit Entdeckung solcher Umstände, welche genugsame Anleitung geben, selbigen zur wirklichen Haft zu bringen, anzeigen wird, eine Belohnung von 50 Thlrn. zu erwarten haben solle. Justizamt Wolkenstein mit Annaberg, den 16. Novten 1795.

Sr. Churfürstl. Durchl. zu Sachsen bestallter Cammerherr, Oberforst- und Wildmeister zu Barenfels, sowohl Justiz- und Rentbeamten zu Wolkenstein mit Annaberg,
Johann George Friedrich Adolph von Zeng
Johann Carl Ludwig Beyer
Julius Friedrich David v. Zinsky«

Der Unterzeichner von Zinsky ist derselbe, der, zusammen mit dem Scharfensteiner Patronatsherrn von Einsiedel, Stülpner versprochen hatte, dessen Begnadigung und Rückkehr ins bürgerliche Leben zu unterstützen und zu betreiben...

War es doch ein abgekartetes Spiel? Glaubte man, die menschlich schwierige Lage des Wildschützen ausnutzen zu können, um ihn endlich einsperren zu können? Seine freiwillige Rückkehr unter der Voraussetzung der Begnadigung wäre ein Eingeständnis der Schwäche seitens der Obrigkeit gewesen. Man war nicht fähig gewesen, ihn zu verhaften.

Major von Einsiedel war zur Zeit der Verhaftungsaktion in Scharfenstein nicht anwesend. Ging er auf Reisen, um dem Gerichtshalter freie Hand zu lassen und selber eine saubere Weste Stülpner gegenüber zu behalten? Oder war der Gerichtshalter wirklich nicht über die Abmachung zwischen Patronatsherrn und Stülpner informiert? Hat er allein auf die Nachricht von Spitzeln hin, Stülpner halte sich in der Wohnung seiner Mutter auf, die Aktion eingeleitet?

Schönberg erzählt freilich davon, der Major von Einsiedel habe dem Gerichtshalter Günther ernste Vorwürfe darüber gemacht, daß er mit Stülpner von Anfang an zu hart und ungeschickt verfahren sei. Major von Einsiedel hatte sich, nachdem er 1791 aus österreichischen Militärdiensten nach Scharfenstein zurückgekehrt war, mit den Gerichtsakten seiner Herrschaft beschäftigt. Doch der Gerichtshalter selber ist krank. Die Aktion wird von seinem Sohn und Vertreter durchgeführt. Will der Sohn Stülpner heimzahlen, daß er dem Vater Schwierigkeiten gemacht oder ihn in solche gebracht hat? Will er einer eventuellen Begnadigung Stülpners durch die Verhaftung zuvorkommen? Wiederum, konnte er die Order zur Verhaftung ohne

Wissen oder Mitwirkung des Wolkensteiner Rentbeamten von Zinsky erwirken?

Auch irgendwelche Gnadengesuche an den Dresdner Hof, von denen Schönberg spricht, lassen sich nicht auffinden...

Das Mißlingen der am 12. Oktober 1795 gegen Stülpner durchgeführten Fahndungsaktion war für die damaligen Behörden ein großer Schaden. Anstatt seiner habhaft zu werden, machten sie Stülpner nun eigentlich erst zu dem, als der er der Bevölkerung bis heute lieb und teuer ist wie keine andere Gestalt in ihrer Geschichte...

... ich will und werde sie nicht nennen...

Im morastigen Holzbachgrund, halbwegs zwischen Scharfenstein und Großolbersdorf, suhlen sich neuerdings Sauen. Über Nacht aber fällt das verfressene Schwarzwild in die umliegenden Großolbersdorfer Felder ein. Vor allem der große Erdapfelacker des Bock-Bauern hat es der starken Rotte angetan. Auch durch nächtliches Wachen und Lärmen läßt das freche Schwarzkittelvolk sich nicht abhalten. Auch wagt der Bauer nicht, zum Schießeisen zu greifen. Förster und Gerichte sind wieder einmal hellhörig geworden. Bleibt also wieder einmal nur der Stülpner Karl, um reinen Tisch zu machen.

Der Bock-Bauer schickt seinen Knecht zur Häätz-Liebe. Die führt ein Kramlädel im Dorf. Sie brennt auch Schnaps in ihrem Keller, den sie schwarz an ihre Kunden ausschenkt. Je mehr »Faustpinsel« ein Gast »intus« hat, mit um so mehr Wasser verdünnt sie den Fusel. Kommt ihr einer auf die Schliche, weil sie mit dem Verwässern zu zeitig angefangen hat, und stellt sie zur Rede, hat sie ihre Antwort schon parat: Sie tue das doch nur um der Gesundheit des Gastes willen, ihr Schnaps hätte ihn längst ins Grab gebracht, wenn sie ihn nicht geziemend verdünnt hätte. Der Stülpner Karl ist der einzige, bei dem die Liebe sich nicht getraut, diese lebensrettende Maßnahme zu ergreifen. Der hat noch nach einem Dutzend »Faustpinseln« seinen scharfen Schützenblick. Aber sie verdient an ihm ohnehin genug. Er füllt Schafsäckel und Korbfläschel bei ihr auf und bezahlt mit gutem Geld oder mit einem geschossenen Hasen oder einem saftigen Rehrücken. Jedenfalls kehrt er öfter bei ihr ein, und wenn man dem Stülpner Karl etwas auszurichten hat, so ist die Häätz Liebe die richtige Person und ihr Kramlädel der richtige Ort. Bei ihr braucht man nicht zu befürchten, daß die Obrigkeit etwas erfährt. Die Liebe ist mit allen Wassern gewaschen.

Ein paar Tage, nachdem der Bockbauer-Knecht der Häätz-Liebe Bescheid gesagt hat, findet sich Stülpner auf dem Bock-Gut ein. Der Bauer bezeichnet ihm das geschädigte Feld und den vermeintlichen Standort der Sauenrotte, die Bäuerin setzt ihm Butter und Brot mit Schinken und Käse und eine Kanne Bier vor. Stülpner, wie immer von gesegnetem Appetit, ist dabei, sich's schmecken zu lassen, als die Bäuerin des Nachbargutes hereinkommt und berichtet, über die Rote Pfütze oben sei ein Trupp von Forstbeamten und »Mehlsäcken« (wie die Angehörigen des Prinz Maximilianischen Regiments wegen ihrer weißen Uniformen im Volksmund heißen) ins Dorf eingedrungen und habe angefangen, die Höfe und Häuser nach dem Stülpner Karl und seiner Bande zu durchsuchen. Der Stülpner sei selber draußen an der Heinzebank von einem Späher gesehen worden, wie er die Richtung auf Olbersdorf genommen habe.

Stülpner erinnert sich, daß ihm in der Tat ein Kerl nicht recht koscher vorgekommen ist, als er auf einen Faustpinsel in der Heinzebank gesessen hat, bevor er sich auf den Weg ins Dorf gemacht hat. Sogleich denkt er an seine beiden Jagdgenossen aus Drebach drüben, die er für den Abend für die Schwarzkitteljagd aufs Bock-Gut bestellt hat. Die Behörden sind den beiden noch nicht auf die Schliche gekommen, und das muß auch so bleiben. Sie leben unbescholten als Häusler und Tagelöhner und als gute Familienväter. Sie wildern gelegentlich mit Stülpner, weil sie Lust dazu haben und um ihren geringen Tagelohn aufzubessern. Sie sind gute Jäger und zuverlässige Kameraden. Und sie verlassen sich auf Stülpner. Sie sind immer zur Stelle, wenn in der Gegend ein Auftrag zu erledigen ist. Sie müssen vor dem Suchkommando gewarnt werden, sonst laufen sie ihm in die Hände. Stülpner läßt den Knecht rufen und gibt ihm den Auftrag, seine beiden Genossen im Büschel hinter der Grünauer Mühle unten, wo die beiden von Drebach über Hopfgarten und Grünau ankommend vorbeikommen werden, abzupassen und ihnen auszurichten, sie sollten in der Mühle abwarten, bis sie Nachricht bekämen, daß die Grünröcke und Mehlsäcke wieder abgezogen wären. Der Müller sei ein zuverlässiger Freund von ihm. Stülpner vermutet aber, daß das Kommando gar nicht bis nach Grünau kommen, sondern sich von Großolbersdorf aus nach Scharfenstein begeben werde, wo es ihn zu finden hoffen werde. Damit der Knecht die beiden Genossen Stülpners nicht verwechseln kann, sagt Stülpner ihm die Decknamen der beiden und gibt ihm eine genaue Personenbeschreibung.

Nachdem der Knecht losgegangen ist, läßt Stülpner sich das Essen schmecken, als ob er die Nachricht von dem Suchkommando vergessen habe. Den Bauersleuten wird angst und bange. Stülpner ist für vogelfrei erklärt, und wer ihn beherbergt, macht sich strafbar.

Doch je größer die Angst der Gastgeber wird, um so besser schmeckt es dem Gast. Er erkundigt sich danach, ob sie den Schinken, den sie ihm da vorgesetzt haben, in der eigenen Räucherkammer hängen hatten. Sie bejahen, und Stülpner will wissen, welches Holz und welche Kräuter sie in den Rauchfang gegeben haben, um diesen herrlichen Geschmack zu erzeugen. Ob man nicht einen ordentlichen Schnaps im Hause habe, fragt er, dann sei an dem Schinken aber auch beim allerbesten Willen nicht mehr das Allergeringste auszusetzen.

Der Bauer bringt eilig eine Flasche Schnaps herzu und bittet Stülpner, sie in seine Jagdtasche zu stecken und sich eilig aus dem Staub zu machen, die Häscher müßten doch alle Augenblicke eintreffen. Stülpner nimmt zwar die Flasche, er steckt sie auch in seine Jagdtasche. Doch er denkt nicht daran, sich aus dem Staub zu machen, obwohl die Häscher in der Tat schon eingetroffen sind.

»Die Mehlsäcke sind da!« ruft die Bäuerin und blickt aus dem Fenster. »Drüben an der Kirche stehen sie und zeigen auf die Teichgüter herüber!«

Stülpner ist aufgestanden, schaut hinüber und nickt vor sich hin.

»Lauf zur Hintertür hinaus!« sagt der Bauer. »Dann den Feldweg entlang! Hinter den Sträuchern seh'n sie dich nicht!«

»Ich hör' nicht gern auf zu essen, wenn mir's gerade so richtig schmeckt«, sagt Stülpner. Und anstatt durch die Hintertür zu entfliehen, steigt er die Treppe hinauf und läßt sich in der Räucherkammer einschließen. Während unten seine Verfolger den Hof und das Haus in Augenschein nehmen, setzt der Gesuchte oben seine Mahlzeit in aller Seelenruhe fort.

Stülpner hat recht gehabt mit seiner Vermutung, das Kommando entferne sich alsbald in Richtung Scharfenstein. Endlich gesättigt und bestens aufgelegt, erwartet er seine Drebacher Jagdgenossen. Inzwischen läßt er die beiden Saupacker, die er bei einem Häusler im Oberdorf in Kost stehen hat, holen. Am Abend geht es bestens gerüstet auf die Sauhatz in den Holzbachgrund.

Ein hauendes und ein grobes Schwein, zwei alte Bachen und einen Überläuferkeiler strecken Stülpner und Gesellen nieder. Schnell ist das Wild abgeschwartet, zerlegt und in Säcken verpackt in einem Dickicht dicht am Fahrweg versteckt.

Geschickte und geübte Hände sind am Werk. Der Rest der Rotte wird sich hüten, den Feldern des Bock-Bauern jemals wieder zu nahe zu kommen.

Kaum haben die Häscher das Dorf verlassen, geht es wie ein Lauffeuer durch den Ort: Der Stülpner Karl hat sich beim Bock-Bauer in der Räucherkammer versteckt, während die »Mehlsäcke« den Hof nach ihm durchsuchten!

In Wirklichkeit ist Stülpner freilich nicht so tollkühn, wie die Leute glauben – und seinetwegen ruhig glauben sollen. Es kann nichts schaden, für ungreifbar zu gelten. Wer für ungreifbar gilt, der ist schließlich ungreifbar. Stülpner hat die Mehlsäcke gekannt. Sie kamen von den Zschopauer Grenadieren, zu denen er einst selber gehörte und mit denen er auf durchaus gutem Fuße steht. Ab und zu läßt er ihnen einen guten Wildbraten zukommen, damit sie ihm wohlgesonnen bleiben. Die drücken eher beide Augen zu, als daß sie auch nur die Spur von Stülpner entdecken.

Mit dem Auftrag, das Wildbret abzutransportieren, verschont Stülpner gerechterweise den Bock-Bauer. Der hat an diesem Tag schon genug Angst ausgestanden. Ohnehin ist auch der Schreiter-Fried-Bauer wieder einmal an der Reihe.

Verschlafen öffnet dieser endlich die Haustür, nachdem Stülpner in den frühen Morgenstunden bei ihm angeklopft hat.

»Nicht schon wieder!« sagt der Fried, als er Stülpner vor sich sieht.

»Was heißt: schon wieder!« sagt Stülpner. »Ein gutes Vierteljahr hab' ich dich in Frieden gelassen.«

»Für alles Geld der Welt tu' ich's nicht wieder, Karl!«

»Sollst's auch nicht für alles Geld in der Welt tun, Fried. Ein halbes Schwein wird auch genügen.«

»Hast doch andere Fuhrleut', Karl!«

»Heut' bist du dran, Fried. Der Stülpner verteilt seine Hand- und Spanndienste gerecht.«

»Und was ist, wenn wir erwischt werden?!«

»Das hab' ich dir schon hundertmal erklärt, Fried. Erstens erwischen sie uns nicht. Zweitens haben wir einen Stutz, der seine Wirkung nicht verfehlt. Und drittens kannst du immer noch behaupten, daß du mit dem Stutz zu dem verbotenen Tagewerk gezwungen worden bist. Und das ist nicht einmal gelogen, wie du siehst.«

Damit zieht Stülpner seinen Stutzen aus dem Hosenbein und legt ihn mit gemacht drohender Miene auf den Schreiter Fried an.

»Bei jeder Fuhre, die ich für dich gemacht hab', hab' ich mir hoch und heilig geschworen: Einmal und nie wieder!«

»Und trotzdem bist du immer wieder gefahren! Also red' nicht weiter drum herum, Fried, spann endlich an!«

Und der Schreiter Fried spannt an. Und wieder geht es durch die Dunkelheit, holprige Feld- und geheime Waldwege entlang, Stülpner mit dem Stutz vorneweg, das Geschirr hinterher. Der Bauer verging fast vor Angst, aber gegen diesen Stülpner war eben kein Kraut gewachsen, dem konnte man nichts abschlagen, der hatte eine Art, daß man sich nicht getraute zu kneifen...

*

Waren die Förster die professionellen Feinde der Wildschützen, so waren die Bauern ihre natürlichen Freunde. Auf ihre Weise litten die Bauern unter dem Jagdverbot genauso wie die Wildschützen. Bedrohte dieses Leben und Freiheit der Wilderer, so machte es oft die mühevolle, schwere Arbeit der Bauern zunichte. Infolge des landesherrlichen Jagdprivilegs nahm der Wildbestand in der Zeitspanne zwischen den Hofjagden häufig derart überhand, daß die durch das zahlreiche Wild verursachten Schäden ins Unzumutbare stiegen. Die Bauern mußten das Wild hassen und die Wildschützen gern sehen. Sie warnten diese vor den Häschern, boten ihnen Unterschlupf und Kost. Wenn Stülpner lange Jahre seinem ausgiebigen Treiben als Wildschütz nachgehen konnte, ohne gefaßt oder auch nur erheblich darin behindert zu werden, so haben die Bauern einen erheblichen Anteil daran.

Wie Stülpner die Förster an der Nase herumführte, wie er die Räuber vertrieb, wie er verirrten Reisenden und bedrängten Holzleserinnen half, ist bei Schönberg zu lesen. Die Sympathie, die Stülpner bei der breiten Bevölkerung genoß, der stillschweigende Vertrag über gegenseitige Hilfe und Solidarität, der zwischen den Land- und Waldbewohnern und dem Wildschützen bestand, werden von Schönberg jedoch lediglich pauschal benannt, nicht aber in Geschichten erzählt. Die Namen seiner Anhänger, seiner Helfer und Genossen, seiner Auftraggeber und Abnehmer bleiben ungenannt, genauere Umstände, Details bleiben im Dunkeln. Müssen wohl, auch noch dreißig Jahre nach dem Geschehen, im Dunkeln bleiben.

»Vergeblich versuchte man, von ihm (Stülpner) etwas von seinen Mitschuldigen und den Abnehmern seiner Beute zu erfahren, worin er stets die größte Verschwiegenheit behauptete, und gewöhnlich mit den Worten das Gespräch abbrach: ›ich habe sie nicht gekannt,‹ oder: ›ich will und werde sie nicht nennen.‹« Schreibt Schönberg.

So erfreulich diese datenschützerische Haltung Stülpners für die Beteiligten war, ein wesentlicher Teil seiner Biographie bleibt dadurch für die Nachwelt für immer ein Geheimnis.

Einen gewissen Ersatz für diese Lücken mögen Geschichten bieten, die bis in die jüngste Vergangenheit, ja noch in der Gegenwart in der Bevölkerung erzählt werden. Eltern und Großeltern haben sie den Kindern, diese später ihren Kindern und Enkeln weitererzählt. Dabei variieren die Geschichten von Ort zu Ort, ja von Familie zu Familie, es sind lebendige Geschichten, die immer wieder anders ver- und umgedichtet werden. Sie verraten ebensoviel vom Erzähler wie über den Helden. Es sind keine weltbewegenden, es sind eher unerhebliche Geschichten, deren Bedeutung weniger in Sujet, Handlung, Detail liegt, sondern viel mehr in ihrer mentalen Diktion und Aussage. Es sind persönliche, familiäre, dörfliche Geschichten, die durchs Aufgeschriebenwerden viel an ihrer Ursprünglichkeit einbüßen. Über anderthalb Jahrhunderte hinweg haben sie sich durch mündliche Tradition erhalten. Jedoch sind sie auch von kulturhistorischem Interesse.

Die Geschichte von Stülpners Versteck in der Räucherkammer des Bock-Gutes ist in Großolbersdorf bekannt. Das Bock-Gut steht am Kirchteich. Hier soll Stülpner sich vor einer Abteilung Soldaten verborgen haben, natürlich mit Wissen des Bauern. Auch wird erzählt, daß, nachdem die Gefahr vorüber war, Stülpner seelenruhig hinter seinen Häschern her nach Marienberg zu wanderte. Auf dieselbe Weise schließen jedoch auch andere Stülpner-Episoden, wie sie in anderen Orten umgehen. Die Details sind austauschbar.

Eine ähnliche Episode ist in Grießbach bei Scharfenstein überliefert. Stülpner hält sich im Weber-Gut auf, als ein Bursche aus der Grießmühle gelaufen kommt und Stülpner vor Jägern warnt, die ihn fangen wollen. Stülpner bedankt sich, wie immer höflich, läßt sich aber nicht aus der Ruhe bringen. Erst als die Häscher sich dem Hof nähern, kriecht er unter einen alten umgestürzten Wassertrog, der im Garten hinter'm Haus steht. Die Jäger ziehen unverrichteterdinge ab, und Stülpner lacht sich eins. – Bei wievielen Bauern mag Stülpner ein und ausgegangen sein, ohne daß ihn ein Fangkommando zwang, sich in einem Wassertrog oder in der Räucherkammer zu verstecken, und ohne daß dadurch also der Aufenthalt Stülpners auf einem Gut dorfbekannt wurde...

Die Geschichte von der Häätz-Liebe beruht auf familiärer Überlieferung – die eigene Großolbersdorfer Großmutter, eine Nachfahrin derselben, hat sie dem Verfasser erzählt. Älteren Einwohnern von Großolbersdorf ist noch bekannt, wo das Kramlädel der Häätzen sich befand. Stülpner ist bei ihr aus und eingegangen, und die Bauern kauften dort ein und tranken den Schwarzgebrannten. Das war ein idealer Platz der Nachrichten- und Auftragsübermittlung. Wilddieberei und Schwarzbrennerei galten durchaus in der Bevölkerung als nicht anrüchig, ja als rechtmäßig.

Wenn der Verfasser seiner Großmutter weiter glauben darf, so hat einer seiner Vorfahren dem Stülpner Karl den Konfirmandenanzug geschneidert – der Großolbersdorfer Schneidermeister Uhlig, der in der Tat in seinem Stammbaum steht und seiner Sippe in Großolbersdorf bis heute den Spitznamen »Schneider« gab. Der Zschopauer Schneider ist der Stülpner Marie aus Scharfenstein zu teuer gewesen, so hat sie den Anzug für ihren Karl beim Uhlig-Schneider in Großolbersdorf in Auftrag gegeben. Doch durch die familiären Schicksalsschläge und die Hungerkatastrophe der Jahre 1771/72 völlig verarmt, war die Mutter Stülpners auch nicht in der Lage, dem Uhlig-Schneider den Macherlohn zu zahlen. So schenkte dieser ihr schließlich die Schulden. Später ist Stülpner oft bei den Uhlig-Schneiders eingekehrt. Er brachte immer ein ansehnliches Stück Wildbret mit.

Mit den Bauern und der Dorfbevölkerung, den »einfachen« Leuten ist Stülpner von Kind an eng verbunden gewesen. Seine Beziehungen zu ihnen sind nie nur rein geschäftlich gewesen.

An einem kalten Herbsttag hütet ein Mädchen auf dem Feld die Kühe. Es friert an den bloßen Füßen und steckt sie in einen frischen Kuhfladen, um sie aufzuwärmen. Ein Mann in Jägertracht kommt vorbei und schenkt dem Kind ein Stück Hirschzunge aus seiner Jagdtasche, eine Delikatesse. Es ist der Stülpner Karl. Die Episode ist in Grießbach überliefert. Dort hat Stülpner sich von klein auf öfters aufgehalten. Vielleicht hat er bei seinem dort ansässigen Paten, dem Winkler-Bauer, selber einmal die Kühe ausgetrieben. Später versteckte er auf dessen Gut seine Jagdutensilien.

Viel hatte Stülpner für fröhliche Geselligkeit und Spaßmacherei übrig. Mit dem Pockauer Amtsfischer soll er auf freundschaftlichem Fuße gestanden haben. Die Überlieferung sagt, er habe auf dem Teich an dessen Haus im Schweinetrog herumgegondelt. In einem abgelegenen Kammdorf wie in Satzung war es allemal wie eine kleine Kirmes, wenn der Stülpner Karl im Böhmischen gute Jagd gemacht hatte und Lust zum Feiern hatte. Eine Scheunentenne wurde geräumt, der Fiedler geholt und das Tanzbein geschwungen, gegessen und getrunken und bis in die Nacht hinein erzählt und gespielt. Allerdings sollen die Kinder vor ihm unter den Tisch gekrochen sein – die Eltern haben ihnen wohl gedroht, den Stülpner Karl zu holen, wenn sie nicht parieren wollten.

Das erlegte und zerwirkte Wildbret mußte zuverlässig aus dem Wald abtransportiert und zum Abnehmer gefahren werden. Schönberg erzählt davon, wie Stülpner und seine Gesellen das Wildbret, in Säcken verpackt, an die in der Nähe vorbeiführende Handelsstraße nach Böhmen tragen und Stülpner einen daherfahrenden Fuhrmann anhält, diesen bittet, den Transport zu übernehmen und, da der Fuhrmann die Bitte aus Angst vor Schwierigkeiten abschlägt, ihn mit vorgehaltener Waffe dazu zwingt. Als die Fuhre gut gegangen ist, verspricht der Fuhrmann, Stülpner gerne wieder zu Diensten zu sein.

Doch die Abschußstellen befanden sich nicht immer in der Nähe der vielbefahrenen Straße. Stülpner war auf die Fuhrmannsdienste der jeweils in der Nähe ansässigen Bauern angewiesen. In Pockau ist überliefert, Stülpner habe das Wild bei einem gewissen Baldauf Lob versteckt, und der »Leineweber«, ein gewisser Christoph Bach, habe ihm die verbotene Last nach Böhmen gefahren. In vielen anderen Orten werden ähnliche Dinge erzählt. In manchen Dörfern streiten die Nachkommen sich, wessen Vorfahr dem Stülpner das Wild öfter nach Böhmen gefahren hat, bei wem er seine Beute und sich selbst öfter versteckt hat. Damals ist es ein gefährliches Geschäft gewesen. Auch in Großolbersdorf soll ein mancher Bauer nach einer solchen Fuhre gesagt haben: »Einmal und nicht wieder!...« Aber das nächste Mal soll er dem Stülpner Karl doch wieder zu Diensten gewesen sein.

Wer zu Stülpners Zeiten in Stülpners Revieren Förster war, hatte kein leichtes Brot. Stülpner hatte die Bevölkerung auf seiner Seite. Ein Förster dagegen war von dieser weitgehend isoliert. Nicht nur das Wildern war verboten. Auch das für den Unterhalt der armen Leute so wichtige Reisig- und Beerensammeln unterlag Beschränkungen und war zeitweise gebührenpflichtig.

Abgenommen haben Stülpner das Wildbret Gastwirte, Fleischer, Müller, Gelegenheitsinteressenten, etwa anläßlich einer Feierlichkeit, eines Familienfestes. Müller waren oft Zwischenhändler. Die Mühlen lagen meist abseits, und es fiel nicht auf, wenn Fuhrwerke verkehrten. Gute Beziehungen soll Stülpner zu Mühlen in und um Ehrenfriedersdorf, Warmbad, Wolkenstein, Pockau, Lengefeld und anderswo gehabt haben. »In St. Sebastiansberg soll der Wildschütz öfters in einer abgelegenen Mühle verkehrt sein, wo er Wildbret abzuliefern pflegte.« (Dr. Peter Sachse, Wildschütz Karl Stülpner, in: »Glückauf« Nr. 3/1942, Schwarzenberg/Erzgeb.) Es ist sicher nicht die einzige Mühle in Böhmen gewesen, zu der Stülpner Beziehungen hatte.

An den Wilddecken und -bälgen waren Gerber, Kürschner, Gürtler, Sattler und Vertreter ähnlicher Handwerke interessiert. Für einen Handwerksmeister, für Gewerbetreibende und Kaufleute war es besonders ehrenrührig und geschäftsschädigend, wenn die Verbindung zu einem Wildschützen ruchbar wurde. Eine sehr seltene Offenbarung gibt es doch. Das Heimatmuseum der Bergstadt Marienberg besitzt Jagdutensilien Stülpners, die ein Zschopauer Kürschnermeister Mehner für den Wildschützen aufbewahrte und die dieser nicht mehr abholte.

Zu den geheimen Abnehmern des Wildschützen gehörten auch Bader, Chirurgen, Ärzte und Apotheker. Sie benötigen diverse Wildbretteile zur Herstellung von Salben, Pillen, Pulvern, Tinkturen zur Heilbehandlung, wobei der Aberglauben eine große Rolle spielte. Ein Hirsch war geradezu eine wandelnde Apotheke, es gab kaum einen Körperteil, der nicht zur Herstellung von Arzneimitteln gedient hätte. Besonders begehrt waren tragende Häsinnen.

Geschäftspartner des Wildschützen waren Schlosser, Büchsenschmiede, Waffenschmiede, Schießmeister im Bergbau, von denen er Pulver und Blei bezog...

Der Stülpner Karl ist mit vielen unterschiedlichen Menschen zusammen- und zurechtgekommen, von denen wir heute kaum eine Ahnung haben...

Hier liegt der lust'ge Hans

Zwei Männer streifen durch den Wald. Geräuschlos sind ihre Schritte, geschickt, gewandt bewegen sie sich auf dem unebenen, steinigen und wurzeligen Boden. Ihre Kleidung ist von festem grünen Tuch, die Gesichter sind wettergebräunt, der eine hat seines mit Ruß geschwärzt. Beide hinken sie auf einem Bein, es scheint steif zu sein. Ihre Leiber erscheinen unförmig, dick, dem widersprechen ihre Gelenkigkeit und katzenhafte Gewandtheit.

Dem Auge, dem Ohr der beiden Männer entgeht nichts ringsum, keine Fährte, keine Losung, kein Zeichen eines Wildes, kein Laut weit und breit. Sie sind wie eins mit Baum und Strauch, mit Boden, Fels, Getier. Bleiben sie reglos stehen, werden sie selbst zu Baum und Strauch.

Kaum hörbar, von fern her, ertönt der Laut von jagenden Hunden. Der ältere der beiden Männer bedeutet dem andern stillzustehen, zu horchen. Er gibt ihm kurz und leise Anweisungen. Der Ältere geht geradezu in die Richtung, aus der das Gebell kommt, der andere schlägt einen Bogen. Am Rand einer Lichtung bleiben sie, auf verschiedenen Waldseiten, in Sichtweite voneinander und von Strauchwerk gedeckt, stehen.

Das Gebell nähert sich. Das Geräusch eines durchs Holz brechenden Wildes ist zu hören. Plötzlich setzt ein Hirsch auf die Lichtung heraus. Von der plötzlichen Helligkeit geblendet, scheut er zurück und verharrt einen Augenblick.

Indessen kommen die Hunde herangehetzt und verfolgen das Wild scharf. Der Kapitale wird hochflüchtig, überfällt Busch und Graben und hält auf die beiden Männer zu. Diese haben den Stutz aus dem Hosenbein gezogen und sich schußfertig gemacht. Durch Gesten bedeutet der Ältere dem Jüngeren: Ich schieße! Geht der Schuß fehl, bist du an der Reihe! Er legt an, brennt ab und streckt den Hirsch in vollem Jagen nieder. Sogleich sind der Schütze und sein Kamerad bei der Beute. Sie schleppen sie ins Gehölz und brechen sie auf. Die Geräte waren unter dem Rock verborgen. »Ein guter Jäger läßt sich sein Wild in den Schuß laufen, Kamerad«, sagt der Schütze schmunzelnd. »Aber nun möchten wir wissen, wer es uns so dienstfertig zugetrieben hat.«

Er heißt den Gesellen an, bei der Beute zu bleiben und sich still zu verhalten, und begibt sich auf die nächste Anhöhe, um sich nach seinen unfreiwilligen Treibern umzusehen. In noch ziemlicher Entfernung bemerkt er auf einem großen Gehau eine Menge Fußvolk und Reiter. Es sind Grünröcke, Landleute und Angehörige der in der nahen Bergstadt stehenden Kürassier-Eskadron. Keine harmlose Jagdgesellschaft also. Sondern ein Fangkommando, das das Revier durchkämmt. Und sich nun, durch den Schuß alarmiert, in diese Richtung aufmacht.

Der Schütze entnimmt seiner Jagdtasche getrocknetes Wildfleisch, tränkt es mit gesüßtem Branntwein aus der Jagdflasche und wirft es den Hunden zu, die ihm schwanzwedelnd gefolgt sind. So haben sie es nicht eilig, zu ihren Herren zurückzulaufen und diese zur Abschußstelle zu führen. Das wird ihnen nicht leichtfallen, da ihnen durch die Leckerbissen die sichere Witterung genommen ist.

Zu seinem Kameraden zurückgekehrt, schafft er mit dessen Hilfe den aufgebrochenen Hirsch in einen naheliegenden, halb verfallenen Bergwerksstollen, den er schon öfter als sicheres Versteck benutzt hat. Sich von diesem Ort entfernend, streuen die beiden Männer zur Irreführung der Hunde kleine Brocken mit Branntwein getränkten Wildfleisches aus. Zum Stolleneingang zurückkehrend, machen sie ihre Spuren unkenntlich. Schließlich schlüpfen sie selbst zu ihrer Beute ins Versteck und verwahren dieses sorgfältig mit vorgewälzten Steinbrocken und dichtem Gestrüpp. Sollten sie trotz dieser Maßregeln von den Verfolgern aufgespürt werden, werden sie sich weiter ins Innere des Stollens zurückziehen, ihn an vorbereiteter Stelle, einen Stützbalken lösend, zum Einsturz bringen und sich durch einen Schacht, den sie sich in sicherer Entfernung und an geschützter Stelle an die Erdoberfläche gegraben haben, ohne Gefahr davonmachen.

Es dauert seine Weile, bevor das Streifkorps an der Stelle angelangt ist, an der die Wilderer den Hirsch aufgebrochen haben. Diese Stelle liegt so nahe bei dem Versteck, daß die beiden vernehmen können, was dort gesprochen wird. Unter anderem hören sie, wie der Hofjäger Torges aus Steinbach, der ihnen bekannt ist, sich höchst aufgebracht darüber zeigt, daß der Aufbruch des Hirsches zwar noch ganz warm, von dem erlegten Wild weit und breit jedoch nicht die mindeste Spur zu entdecken sei.

»Herr Hofjäger Pätzold!« ruft Torges aus. »Herr Kollege! Ein Hirsch ist doch – Gott straf' mich! – kein Hase, den einer schießt und steckt ihn in die Tasche und steigt damit auf den Baum! Sie haben mich heute das achtzehnte Mal zur Streifung geladen – ich komme nicht wieder dazu! Den Kerl hat der lebendige Teufel!«

Der angesprochene Hofjäger Pätzold aus Wüstenschlette, in dessen Marienberger Revier man sich befindet, kann, obzwar er zu den eifrigsten Verfolgern des »Teufelskerls« gehört, angesichts der Tatsachen nicht umhin, seinem Steinbacher Kollegen rechtzugeben. Einmal mehr wird eine großangelegte Suchaktion abgeblasen. In einer letzten Hoffnung, den Gesuchten durch einen glücklichen Zufall vielleicht doch noch aufheben zu können, streift das Korps in Richtung böhmische Grenze weiter.

Die Wildschützen verlassen ihr Versteck, zerwirken in aller Ruhe ihre Beute, salzen einen Teil des Wildbrets ein und deponieren ihn gut verwahrt im Versteck, packen den anderen Teil in die stets bereitliegenden Säcke und schlagen – wohl wissend, daß man nirgendwo sicherer ist als im Rücken seiner Verfolger – damit den Weg nach Böhmen ein...

*

Auch dieser Streich Stülpners ist in keinem amtlichen Dokument vermerkt. Er ist von Biograph Schönberg überliefert. Die beiden darin genannten Hofjäger Torges und Pätzold haben existiert. Sie sind mit Namen, Dienstrang, Amtsbereich und Wohnort nachgewiesen. Wer aber sind die Jagdgenossen Stülpners, die in dieser und in anderen Episoden mitspielen?

Nicht nur in der Schönbergschen Biographie und in anderen Schriften über Stülpner treten sie auf. Auch in dem amtlichen Bericht, den der Oberförster Pügner in Geyer drei Tage nach der Belagerung der Burg Scharfenstein durch Stülpner verfaßte, ist von ihnen die Rede:

»Den nehmlichen Tag (Pügner meint den Tag nach der Belagerung, den 14. Oktober 1795) sind 2 Cerls, einer mit einer Flinde, der andere mit einer Büchse und grüne Röcke tragent, am Fliegel Z und E zu einem hiesigen Bürger, welcher Stöcke gerodet, nahmens Buscheck, gekommen, nach mir gefragt und mir sagen laßen, ich solle nur hinaus kommen, wir wollten ein Frühstück miteinander einnehmen...«

Stülpners Kameraden waren den Behörden nicht bekannt und werden bei Schönberg nicht genannt. Sie haben existiert. Sie mussen existiert haben. Als Einzelgänger hätte Stülpner niemals das Wildererhandwerk in dem Ausmaß und in der Zeitdauer erfolgreich betreiben können, wie er es betrieben hat.

In den einschlägigen Puppenspielen, Erzählungen und Romanen werden als Stülpners Jagdgenossen ein »Satziger« (Bezeichnung für einen aus Satzung Stammenden oder in Satzung Wohnenden), ein gewisser »Dotzauer«, ein »Herzog«, der »Hühnl Sepp« und andere genannt. Es mag sich um Spitz- und Decknamen, wie sie gerade im Wildschützenmilieu als Sicherheitsvorkehrung von jeher üblich sind, handeln oder auch um literarische Erfindungen, die ebenso legitim wären.

Es gibt Hinweise darauf, daß Stülpner einige wenige Gesellen ständig in seiner Reichweite hatte. Sie waren offenbar sorgfältig von ihm ausgewählt nach »beruflichem« Können und nach persönlicher Zuverlässigkeit. Nie ist ein Fall von Verrat bekanntgeworden. Zusätzlich hat Stülpner sich wohl ein Netz aus ebenso zuverlässigen Gelegenheitswildschützen aufgebaut. Diese hat er zu Aktionen herangezogen, die er in lokaler Nähe der Wohnorte dieser seiner Helfer durchführte. Sie konnten schnell benachrichtigt werden. Ihre Mithilfe aber mußte besonders sorgfältig vor Entdeckung geschützt werden, da sie eine bürgerliche Existenz zu verlieren hatten. Stülpner hat ihnen diese Sicherheit in hervorragender Weise gewährleistet.

Vieles deutet darauf hin, daß Stülpners bevorzugte Jagdreviere die Kammwälder des mittleren Erzgebirges waren. Diese zeichneten sich vor allem durch einen schier unerschöpflichen Bestand an Rotwild aus. Von jeher wurde hier oben gewildert. Es gab regelrechte Wildschützenwinkel. In der Bevölkerung galt dieses Gewerbe ohnehin als erlaubt. Der Boden war karg, das Klima rauh, man konnte sich kaum durch die Landwirtschaft ernähren. Das Wildern war zumindest ein wichtiger Nebenerwerb. Bei Verfolgung bot der über weite Strecken zusammenhängende und teilweise unwegsame, von Morasten und Hochmooren durchzogene Kammwald ziemlich sicheren Unterschlupf. Und in jedem der Orte fanden Wilderer Abnehmer und Verbündete. Das galt vor allem für die böhmische Seite. Die Hauptstadt Wien lag weit weg. Und die österreichischen Behörden sahen der Bevölkerung des dünn besiedelten Grenzgebietes manches nach. Die tolerante Politik der Kaiserin Maria Theresia hatte Tradition. Außerdem gab es gewisse Rivalitäten zu dem nördlichen Nachbarn. Die sächsischen Kurfürsten hatten nicht immer eine kaiserfreundliche Politik getrieben. Und sie waren leidenschaftliche Jäger, die gern mit großen Strekken protzten und die »Wildfrevler« hart verfolgten. Schon um die sächsischen Landesherren zu ärgern, drückten die Österreicher beide Augen zu, wenn Wildschützen sich über die Grenze nach Süden flüchteten.

Stülpner hatte bereits in jungen Jahren im böhmischen Grenzgebiet Fuß gefaßt. Von jeher gab es grenzüberschreitende Beziehungen mannigfaltiger Art zwischen Sachsen und Böhmen. Für die Bevölkerung gab es die Grenze eigentlich gar nicht. Es wurde herüber und hinüber gehandelt, geheiratet, gepascht, gewildert. Auch Stülpner hatte Verwandte in Böhmen, bei denen er unterkommen konnte. Und seine Desertion aus sächsischen Militärdiensten und sein Wildschützentalent waren die besten Visitenkarten bei der Grenzbevölkerung.

Aus dem »liberaleren« böhmischen Kammgebiet verlauten denn auch deutlichere Hinweise auf Stülpners Jagdgenossen. Nach der Ortschronik des Ortes St. Christofhammer von Anton Kreißl und Josef Hoßner war Stülpner der Lehrmeister verschiedener Wilderbanden, die im Grenzgebiet um Sebastiansberg, Satzung und Preßnitz ihre Hauptreviere hatten. Ein beliebter Treffpunkt der Wildschützen war »auf der Kupp«, ein einsames, sumpfiges Waldstück westlich von Satzung.

Nach den »Volkskundlichen Jugenderinnerungen an meine Heimat Satzung« des Oberlehrers Wilhelm Günther, Leipzig, gestorben 1942, soll der »Neubauer-Karl«, ein Rutenbesenhändler aus St. Christofhammer, mit Karl Stülpner in freundschaftlichem Verkehr gestanden und auch gewildert haben. In St. Christofhammer lebte auch Franz Kreißl, genannt »Berndtfranz«, der 1818 beim Mühltor das letzte Wildschwein des Erzgebirges geschossen haben soll. Er war ein Jagdgenosse Stülpners.

In einem Waldhäuschen bei St. Christofhammer lebte in der ersten Hälfte des 19. Jahrhunderts der »Lustige Hans«. Nach der Überlieferung soll er ein berüchtigter Wildschütz und ein Jagdgenosse Stülpners gewesen sein. An ihn erinnert eine Bildtafel, die am Waldeingang an der alten Straße von Satzung nach Annaberg steht. Die Inschrift lautet:

»Hier liegt der lust'ge Hans
Mit Flint, Flasch und Gefieder.
Er trank viel Schnaps
Und schoß viel Wild,
Und hier schoß man ihn nieder.«

Die Satzunger Heimatschriftstellerin Luise Pinc schreibt hierzu: »Alte Leute erzählen, daß er Johann Hippmann hieß. Er trieb, wie seinerzeit viele solcher wildernder Grenzgänger, sein Wesen hoch oben auf dem Kamm des Erzgebirges. Die meiste Zeit verbrachte er in den dichten Wäldern rings um Satzung. Als er wieder einmal seinem verbotenen Handwerk nachging, wurde er von dem Steinbacher Oberförster überrascht und gestellt, der mit seinem Kutscher, von Steinbach kommend, die alte Straße nach Satzung passierte. Weil er sich nicht freiwillig ergab, wurde er im Handgemenge von dem Kutscher erschossen...

Nach Angaben des verstorbenen Waldwärters Zenger aus Schmalzgrube soll das Grab des Wilderers im Forstrevier Steinbach Abteilung 41 liegen. Stülpner soll sein Bundesgenosse gewesen sein.«

Nach anderen Hinweisen soll der »Lustige Hans« 1857 erschossen worden sein, jedoch nicht am Ende, sondern im Innern des Waldes.

In seinem Artikel »Wildschütz Karl Stülpner – Nachtrag zu seinem 100. Todestag am 24. 9. 1941« weist Dr. Peter Sachse, Leipzig, darauf hin, daß »Lustiger Hans« als Flurname für ein Waldstück an der Satzung-Annaberger Straße auf einer aus weit früherer Zeit stammenden Landkarte angegeben war. Auch eine Bergbauurkunde vom Anfang des 18. Jahrhunderts nennt den »lustigen Hansen« als Bezeichnung dieses Waldgebietes.

Hat man einen Wildschützen, der dem Flurstück einst seinen Namen gab, »posthum« zu einem Jagdgenossen Stülpners gemacht? Oder übertrug man den Namen des Flurstücks auf einen Jagd- und Zeitgenossen Stülpners? – Um Wildschützen ranken sich von jeher Sagen und Legenden, und Dichtung und Wahrheit sind oft bereits zu ihren Lebzeiten nicht mehr zu unterscheiden...

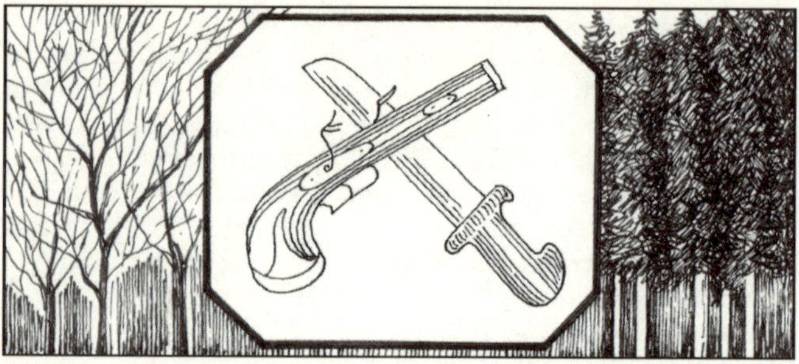

Im Wald, da sind die Räuber

Die Straße von Stollberg nach Chemnitz führt durch Wiesen und Felder, durch kleine Dörfer, ab und zu durch ein Stück Wald. Eine Frau wandert sie entlang. Ab und zu dreht sie sich um, ob nicht ein Fuhrwerk komme, das sie ein Stück Weges mitnehmen werde. Sie braucht die weite Reise nicht zu bereuen. Alle ihre Ware hat sie abgesetzt, und sie hat gutes Geld dafür bekommen. 300 Taler, teils in Spezies und teils in Kassenbillets, füllen ihre Geldkatze, die sie sich vorsichtshalber unter dem Rock um den Leib gebunden hat. Froh trällert sie das Leineweberliedchen vor sich hin:

»Drrr *Leineweberrr hoat e Sau geschlacht't, 'ne Strrrump* zerrrissen und *Wurrrscht gemacht. Piff, paff, puff...«*

Als die Straße in ein dichtes Waldstück hineinführt, bricht sie die Trällerei plötzlich ab. Ihr ist eingefallen, was sie auf dem Stollberger Markt von einheimischen Händlern und Kunden erfahren hat: In letzter Zeit treibt eine Bande von Räubern in den erzgebirgischen Wäldern ihr Unwesen. Ihr Anrührer soll ein gewisser Stölpner oder Stilpner sein, der sich besonders beutesüchtig und blutgierig zeige. Ängstlich blickt die Händlerin links und rechts in den Wald, ob nicht hinter einem Baum oder Strauch dieser Stölpner mit seiner Bande laure. Sie legt einen Schritt zu, um schnell aus dem Wald herauszukommen. Doch der Busch scheint kein Ende nehmen zu wollen. Die Frau geht mitten auf der Straße. Alle Augenblicke rechnet sie damit, daß die Räuber sich auf sie stürzen werden.

Wie froh ist die Händlerin, als sie hinter sich zwei Männer daherkommen sieht. Sie müssen aus einem Seitenweg gekommen sein. Sie sehen vertrauenerweckend aus. Freundlich gesellen sie sich zu ihr, bieten ihr einen guten Tag und sind gern bereit, sie zu begleiten. Zum Schutz nehmen sie sie in die Mitte. Es sind Reisende, wie sich herausstellt, in Geschäften unterwegs. Im Taumel der Freude über ihren großartigen Markterfolg und sich in der Gesellschaft der Männer sicher und geborgen fühlend, erzählt sie nun auch ihrerseits von dem guten Geschäft, das sie gemacht hat. Lachend deutet sie auf den Wulst um ihren Leib, der von der gefüllten Geldkatze herrühre und nicht etwa von unnötiger Körperfülle.

»Nurr gut, daß Ihrr mich begleitet!« sagt die Frau. »Fürrr diesen rrräuberrrhauptmann Stilpnerrr wärrr' das ein gefundenes Frrressen!«

»Es ist ein gefundenes Frrressen fürrr den Rrrräuberhauptmann Stülpner, gute Frau!« sagt da der eine ihrer Begleiter in verändertem Ton und die Mundart der Lausitzerin nachäffend.

»Derrr Rrrräuberrrrhauptmann Stülpnerrr, derrr bin nämlich ich! Und derrr, derrr ist mein Stellverrrtrrreterrr!« fügt der Mann hinzu, auf seinen Begleiter weisend. Und eine Tonart gröber fährt er fort: »Und nun her mit dem Geld! Oder es kostet dich das Leben, Weib!«

Zuerst glaubt die Frau, die beiden scherzen. Doch bevor sie sich's versieht, schwingen die beiden ihre Wanderstökke gegen sie und greifen nach ihrer Geldkatze. Die Frau schreit um Hilfe. Wie eine Löwin setzt sie sich zur Wehr. Es ist der Erlös für die monatelange fleißige und mühselige Arbeit der ganzen Familie, den sie bei sich trägt. Wenn sie das Geld verliert, müssen sie daheim hungern, wissen sie nicht, wovon sie leben sollen. Mann und Kinder warten sehnlichst auf ihre Heimkehr. Die Frau fleht die Männer an, von ihr ab- und sie ungeschoren ziehen zu lassen. Doch sie schlagen auf sie ein, schlagen sie zu Boden und entringen ihr die Geldkatze. Der Wald scheint die Hilfeschreie der Frau mitleidlos zu verschlucken.

Die Wegelagerer wollen sich mit ihrer Beute davonmachen, als plötzlich ein Schuß zwischen ihren Köpfen hindurchsaust. Und eine donnernde Stimme den Räubern Halt gebietet. Wie aus dem Erdboden gewachsen steht ein großer, stattlicher Mann in Jägerkleidung und -ausrüstung am Waldrand, die Büchse in der Hand.

Als die Banditen sehen, daß sie es nur mit einem einzelnen Mann zu tun haben, machen sie Anstalten, sich mit ihren Stöcken auf ihn zu stürzen. Im selben Augenblick hat der Jäger das abgeschossene Gewehr sich über den Rücken geworfen, mit jeder Hand eine Pistole aus dem Koppel gezogen, die Pistolen gespannt und auf die Angreifer gerichtet.

»Wer einen Schritt vorwärts macht, ist des Todes!« sagt er. Und seinerseits auf sie zutretend und ihnen ins Gesicht blickend, fährt er fort: »Ihr also seid die Schandbuben, die auf meinen Namen Straßenraub treiben! Schämt ihr euch nicht, wehrlose Menschen zu überfallen und ihnen ihr sauer verdientes Geld wegzunehmen? – Legt das Eigentum der Frau zu meinen Füßen nieder!«

Die Strauchdiebe können sich schlecht von der Beute trennen. Der mit der Geldkatze will sich hinter die Frau begeben, die sich auf den Knieen aufgerichtet hat.

»Zu *meinen* Füßen legt das Geld nieder!« ruft Stülpner. »Oder glaubt ihr, ich fall' auf eure Finten herein und ihr könnt die Frau auch noch als Kugelschutz nehmen und so davonkommen?«

Drohend richtet er die Pistolen auf die Räuber.

Der mit der Geldkatze macht einen letzten Versuch.

»Seid doch nicht so dumm, Stülpner! Teilt mit uns!« sagt er.

Die Narbe auf Stülpners Stirn schwillt rot an. Die Wegelagerer sehen ihm an, daß nicht mit ihm zu verhandeln ist. Seine Finger haben die Hähne der Pistolen schon halb durchgezogen.

Der Räuber legt die Geldkatze vor ihn hin.

»Und nun marsch mit euch über die Grenze!« brüllt Stülpner, daß die Kerle zusammenzucken. »Und laßt euch niemals wieder in meinen Revieren blicken! Das nächste Mal fliegt meine Kugel nicht an euren Köpfen vorbei!«

Fluchend, maulend suchen die Räuber das Weite.

Die Händlerin dankt ihrem Retter auf den Knien. »So kann man sich in den Menschen täuschen«, sagt sie. Sie will kaum glauben, daß er der Stülpner sei. Sie greift in ihre Geldkatze und will ihm einige Speziestaler reichen. Stülpner nimmt sie nicht an, er brauche sie nicht. Wenn sie ihm jedoch einen Gefallen erweisen wolle, sagt er, dann bitte er sie darum, überall, wohin sie komme, der Wahrheit getreu zu erzählen, daß er kein Räuberhauptmann sei.

Stülpner hilft der Frau auf die Beine, erkundigt sich nach ihrem Befinden und begleitet sie sicherheitshalber bis vor den nächsten Ort, wo er ihr eine gute Heimreise wünscht.

*

Das 18. Jahrhundert war ein Säkulum der Lügner und Betrüger und der Diebe und Räuber. Im 18. Jahrhundert lebten der bayrische »Hiesel«, der rheinische »Schinder-Hannes«, das schwäbische »Sonnen-Wirtle«, Balthasar Krummfinger und seine Bande. Schillers berühmtes Schauspiel »Die Räuber« beruht auf handfesten Tatsachen. Räuber waren im 18. Jahrhundert eine fast alltägliche Erscheinung.

Die Gesellschaft war von tiefen Widersprüchen zerrissen. Macht, Reichtum auf der einen Seite, zusammengeballt in wenigen Händen. Dem stand eine massenhaft verbreitete, verheerende, erniedrigende Armut gegenüber. Hier der weitere Anspruch auf absolute Herrschaft über alle Lebensbereiche der Untertanen, auf der anderen Seite die wachsende Aufklärung, steigendes Aufbegehren gegen die feudalen Lasten und Bevormundungen, das Freiheitsstreben breiter Bevölkerungskreise. Hier das Festhalten an der mittelalterlichen Ständeordnung, an überkommenen Lebens- und Moralnormen, dort Sehnsucht und Verlangen nach Befreiung von den überkommenen Schranken und Beschränkungen und nach Selbstbestimmung. Immer mehr Menschen kamen mit den herrschenden Verhältnissen in Konflikt. Viele Menschen verloren den hergebrachten Glauben an die übergeordnete Macht. Die Ungerechtigkeiten traten immer offener zutage. Wer schon arm war, den trafen Mißernten, Teuerungen, Hungersnöte, Kriege und Krisen um so härter. Ehrliche Menschen begingen Mundraub, vergriffen sich am Eigentum derer, die mehr besaßen, versuchten auf diese verbotene Art, Gerechtigkeit herzustellen. Die Pressung zum Militärdienst führte zu verstärkten Desertionen. Sittenlosigkeit, »unehrliche« Geburten mehrten sich, Prostitution. Der Mangel an Bildung des Volkes war ein Nährboden für Scharlatanerie, Kurpfuscherei, Betrug. Diebstahl, Raub und Mord nahmen zu.

Angesichts solcher Verhältnisse muß es geradezu wie ein Wunder anmuten, daß Karl Stülpner nicht zum Räuber wurde. Nach seinen persönlichen Lebensumständen und Lebenserfahrungen ist er vorherbestimmt für eine solche Laufbahn. Stülpner kommt aus den ärmsten Schichten der Bevölkerung. Seine Eltern stehen als Diebe unter gerichtlicher Anklage. Er selber ist bereits als Kind straffällig geworden. Er hat von klein auf bitterste Armut und Not durchgemacht. Er hat die Widersprüche der Zeit und die daraus resultierenden Ungerechtigkeiten durchlebt und durchlitten. Im Burgflecken Scharfenstein waren diese Widersprüche und ihre Abstufungen auf engsten Raum zusammengedrängt von der Herrschaft auf Burg und Gut herab über den Pächter, die Bediensteten, die relativ Begüterten bis zu den Tagelöhnern und besitzlosen Untertanen. Stülpners Eltern waren nicht durch eigene Schuld völlig verarmt. Teuerungen, Hungersnöte, Krisen und Kriege waren wie unabwendbare Naturkatastrophen über die Familie hereingebrochen und hatten ihnen das rechtmäßig und durch harte Arbeit Erworbene genommen. Stülpner selber wächst in einer Zeit der allgemeinen Unsicherheit und Perspektivlosigkeit heran. Nur die Kinder der Begüterten können eine bessere Bildung und Ausbildung erfahren. Die Kinder der Armen erlernen keinen ordentlichen Beruf, denn dieses erfordert Mittel und entsprechende Beziehungen. Sie gehen schon als Kinder auf Tagelohn arbeiten wie auch Stülpner. Stülpner hat nie ein Handwerk erlernt. Es sei denn, man zählt die halb »autodidaktische« und halb beim Ehrenfriedersdorfer Förster erfahrene Ausbildung zum Jäger als solches. Das Wildschützengewerbe hat Stülpner von der Pike auf erlernt. Eine Anstellung als Förster hat er in der Heimat nicht gefunden. Es sei denn, man rechnet die Tätigkeit als Regimentsförster in Chemnitz dazu. Doch da ging bald sein Wildschützenblut mit ihm durch. Stülpner ist ein leidenschaftlicher Jäger, ein hervorragender Schütze, ein erfahrener Soldat. Als Gepreßter hat er einen furchtbaren Krieg mitmachen müssen. Er hat erlebt, was ein Menschenleben wert ist, wenn es in den Bereich »höherer« Machtinteressen gerät. Er hat erfahren, daß Besitz und Macht die Welt regieren und nicht das Menschenrecht für alle. Als Deserteur und Wilddieb steckbrieflich gesucht, gehört er endlich zu den Ausgestoßenen.

Jede Räuberbande hätte einen solchen Kerl mit offenen Armen empfangen. Es ist anzunehmen, daß ihm entsprechende Angebote gemacht worden sind. Die beiden Wegelagerer, von denen er die Zittauer Leinwandhändlerin befreit, bieten ihm an, die Beute mit ihm zu teilen. In den erzgebirgischen Kammwäldern, in Gasthäusern und auf den Landstraßen kam er mit Räubern und Dieben größeren Stils in Berührung. Wie nahe die »Entwicklung«, zum Räuber zu werden, bei dem Wildschützen Stülpner lag, zeigt ein Vergleich mit den Lebensläufen anderer Wilderer. Auch der bayrische »Hiesel« und der rheinländische »Schinder-Hannes« begannen einmal als Wildschützen und betrieben dieses Gewerbe auch als Räuberhauptmänner noch nebenher. Fast zwangsläufig wurden sie zu Kapitalverbrechern und endeten sie auf dem Richtplatz. Kein Geringerer als Friedrich Schiller schildert in seiner 1786 erschienenen Kriminalnovelle »Der Verbrecher aus verlorener Ehre«, daß es vom Wildschießen zum Menschenmord nur ein winziger Schritt ist. Zugrunde liegt dieser Erzählung der authentische Fall des Friedrich Schwan, des schwäbischen »Sonnenwirts«-Sohnes, über den Hermann Kurz später seinen bekannten Roman geschrieben hat. Friedrich Schwan wird aus verletztem Ehrgefühl, aus ständigem Zurückgesetzt- und Benachteiligtsein zum Wilderer und schließlich zum Räuber und Mörder.

Auch Karl Stülpner hat ein verletzliches Ehrgefühl. Er ist zurückgesetzt und benachteiligt worden in seinem Leben. Es macht ihn nicht zum Verbrecher. Stülpner ist und bleibt ein Wildschütz. Freilich einer von besonderer Güte und von besonderen Voraussetzungen. Stülpner verliert nie die enge Bindung zu den Menschen seiner Heimat, unter denen er heranwuchs. Mit ihnen verbindet ihn ungleich mehr, als ihn von ihnen trennt. Sein gesundes Gerechtigkeitsgefühl stimmt mit dem der Mehrheit der erzgebirgischen Bevölkerung überein.

All das hat ihn nicht nur davor bewahrt, selber zum Räuber und Mörder zu werden. Er hat die Menschenarbeit nicht nur vor Wildschäden geschützt, er hat die Menschen selber vor Raub und Mord bewahrt, anstatt sich mit Verbrechern gemein zu machen.

An dieser Haltung und Art haben sicher Stülpners Herkunft, sein Elternhaus, seine Umwelt und Erziehung ihren nicht zu unterschätzenden Anteil. Seine Familie blieb auch in schlimmen Jahren mit einer guten christlichen und rechtlichen Tradition verbunden. Gerade die Einsiedelsche Herrschaft in Scharfenstein legte Augenmerk und Wert nicht allein auf ihre grundherrlichen Vorteile und ihre materiellen Interessen. Sie hatte bereits zu Luthers Zeiten die Reformation der Kirche unterstützt. Sie gründete Pfarramt und Kirchspiel und Schule zu Großolbersdorf und sah auf Bildung und Gesittung ihrer Untertanen. Ihr Recht, die Pfarrstellen zu besetzen, nahm sie verantwortungsvoll wahr, indem sie fähige und gebildete Pastoren und Kirchschullehrer in ihr Patronat verpflichtete.

Auch Pastor M. Gotthold Ehrenfried Portius wurde von den Einsiedels nach Großolbersdorf geholt. Sein Nachruf nennt ihn einen »Mann seltener Gelehrsamkeit«. Zu der großen Räuberbande, die im Jahre 1755 im Erzgebirge dingfest gemacht wurde, gehörte ein Einwohner des Kirchspiels Großolbersdorf. Wie die anderen Bandenmitglieder wurde er verurteilt und hingerichtet. Laut eigenem Eintrag ins Kirchenbuch begleitete und bereitete ihn Pastor Portius zum Tode. Gottfried Müller, aus Frankenberg stammend und mit einer Witwe in Grünau verheiratet, war ein besonders schwieriger seelsorgerischer Fall. In der Hoffnung, der gerechten Strafe zu entgehen, stellte er sich nach Verkündung des Urteils wahnsinnig und zeigte sich jeder vernünftigen Zusprache unzugänglich. Erst einen Tag vor der Hinrichtung gelang es Portius, ihn umzustimmen und zur inneren Einkehr und zu echter Reue zu bewegen. Darauf, so das Kirchenbuch, starb der Delinquent »wohlbereitet und freudig«. Er wurde zu Wolkenstein »decolliert und auf das Rad geflochten«.

Karl Stülpner ist von Pastor Portius konfirmiert worden. Es ist anzunehmen, daß der Pfarrer den ihm anvertrauten jungen Menschen angesichts der vielfachen Gefährdungen der Zeit auf eindrucksvolle Weise von Leben und Tod des Räubers Müller aus Grünau erzählt hat.

Den sehr auf seinen guten Ruf in der Bevölkerung bedachten Stülpner muß es schwer getroffen haben, als er hörte, daß Räuber seinen Namen mißbrauchten, entsprechende Gerüchte über ihn verbreiteten und sich als seine Bandenmitglieder oder gar für ihn selber ausgaben. Schon darum hat er sein Möglichstes getan, dem Gesindel das Handwerk zu legen und seine Reviere passierende Reisende entsprechend zu informieren. So hielt die falsche Legende vom Räuberhauptmann Stülpner sich nicht lange. Die ihn kannten, glaubten ohnehin nicht daran. Jedoch war die selbstauferlegte Aufgabe, gegen die Räuber vorzugehen, weder einfach zu bewältigen noch ungefährlich. Er durfte wohl mit der Waffe drohen und schießen, jedoch nicht treffen. Hätte er Selbstjustiz geübt, hätte er sich schuldig gemacht und nicht ins bürgerliche Leben zurückkehren können. Als Kapitalverbrecher wäre Stülpner bald der großen Sympathie und Solidarität, die die Bevölkerung ihm entgegenbrachten, verlustig gegangen. Räuber und Mörder konnten auf Hilfe und Unterstützung nur unter ihresgleichen bauen. Die Sympathie der Bevölkerung wiederum war ein Grund mehr dafür, daß Stülpner nicht zum Räuber wurde. Innere Haltung und äußere Bedingungen bewahrten Stülpner vor dem Schicksal, sich außerhalb der wahren menschlichen Gemeinschaft stellen zu müssen.

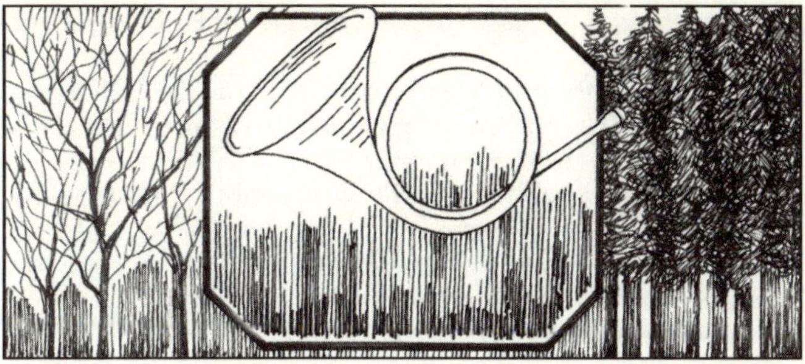

Lieber möcht' ich kein Jäger mehr sein

Ein Jäger, der kein Jäger mehr ist, singt die Liedstrophe anstelle einer Antwort auf die Frage, die ihm ein Freund, der ihn aus früheren Jahren kennt, gestellt hat. Die beiden sitzen im Gasthof zu Altenhain, im »Goldenen Hahn«, der auf halbem Wege zwischen Chemnitz und Zschopau an der Handelsstraße Leipzig–Prag liegt. Ihre Begegnung hier ist ein Zufall und auch wieder keiner. Hier kehren viele Reisende, Geschäftsleute, Fuhrleute und Passanten aus nah und fern ein, um sich zu stärken, auszuruhen oder sich mit jemandem zu treffen. Diese beiden haben einander längere Zeit nicht gesehen, und der eine ist sehr verwundert darüber, dem anderen in einem Aufzug zu begegnen, in dem er ihn ganz und gar nicht erwartet hätte. Mit der Liedstrophe als Antwort jedenfalls ist er nicht zufrieden, und so wiederholt er die Frage: »Sag schon, Stülpner, wie du noch einmal in die Uniform der ›Mehlsäcke‹ kommst! Als ich dich das letzte Mal sah, im Marienberger Forst oben, da trugst du deine grüne Jägertracht! Und du hast gesagt, daß du nie wieder eine andere und schon gar keine Soldatenmontur auf den Leib bekommen würdest.«

»Das ist lange her, August«, antwortet Stülpner. »Man kann nicht ewig verbotenerweise auf die Pirsch gehen. Damals hatt' ich noch keine grauen Haare. Ich bin des ewigen Katz-und-Maus-Spiels mit den Behörden leid. Irgendwann schnappen sie dich. Dann kriegst du eine Sträflingskluft übergestreift. Da ist mir so ein alter guter Mehlsack lieber. Ich will auch endlich meine Ruhe haben und meine Büchse mit Erlaubnis tragen.«

»Das sagt ein Stülpner Karl? Die Büchse trägst du wohl

mit Erlaubnis. Aber geschossen wird nur auf Befehl und auf befohlene Ziele.«

»Ich hab' genug auf freie Faust geschossen. Mir reicht's.«

»Schade. Ich hab' demnächst meine Tochter zu verheiraten. Da hätt' ich dir gern einen saftigen Wildbraten abgenommen. Jedenfalls wundert's mich, daß es dich nicht mehr in den Beinen jucken soll, wenn oben in den Wäldern die Hirsche brunften. Zahlst einen teuren Preis für die Sicherheit, die dir die Montur gibt: deine Freiheit.«

»Was nützt einem schon die Freiheit...«

Die beiden trinken ihr Bier. Stülpner blickt zum Fenster hinaus. Plötzlich geht ein Freudenstrahl über sein Gesicht.

»Es wird Zeit für mich«, sagt er und will den Wirt rufen.

»Du warst mein Gast, Karl«, sagt der alte Freund.

»Hab' Dank und leb wohl, August!«

Die beiden reichen einander die Hand.

»Bist schon älter und ernster geworden«, sagt der andere.

Stülpner verläßt das Gasthaus.

Der Freund blickt zum Fenster hinaus. Er sieht, wie Stülpner auf eine junge Frau, die ein Kind an der Hand führt, zugeht. Er begrüßt die Frau freudig und nimmt das Kind auf den Arm. Sie verlassen den Hof und gehen die Straße miteinander entlang.

Der alte Freund nickt vor sich hin. Ja, Stülpner, denkt er. Was nützt einem schon die Freiheit, wenn man solch ein Weibsbild in den Armen hält. Und ihm fällt ein, was er von Bekannten aus der Scharfensteiner Gegend gehört hat: daß der Stülpner es schon lange mit der Richterstochter halte... Wenn er da ernste Absichten hat, muß er freilich singen: »Viel lieber möcht' ich kein Jäger mehr sein...« – Doch wenn er nun wieder treu und brav bei seinem Regiment steht, warum trifft er sich dann weiter heimlich mit seiner Liebsten?

*

Als Stülpner sich im Jahre 1795 entschlossen hatte, zu seinem Regiment nach Chemnitz zurückzukehren, wenn die Obrigkeit ihm die Strafe für Desertion und Wilddieberei erließe, hatten das die lokalen Behörden durch ihre hinterhältige Fahndungsaktion vereitelt. Im Jahre 1800 standen die Dinge anders. Stülpner war in der Bevölkerung mittlerweile derart bekannt und beliebt geworden, daß die Ämter es nicht mehr wagen konnten, ihn auf plumpe Weise zu übertölpeln. Und er hatte aus seinen Erfahrungen gelernt.

Er stellte sich erst dann beim Regiment ein, nachdem man ihn öffentlich hierzu aufgefordert und ihm Straffreiheit zugesichert hatte. Hätten die Gerichte ihn jetzt noch verhaftet und als Deserteur und Wildschütz abgeurteilt, wäre es ein offener Wortbruch gewesen. Das konnten die Beamten nicht riskieren. Das Ansehen der Behörden war ohnehin angeschlagen, nicht zuletzt durch die Streiche, die ein Stülpner ihnen gespielt hatte. Der Bauernaufstand von 1790 war noch auf beiden Seiten in Erinnerung. Die Obrigkeit hatte die geheime Macht der Bauern, die Bauernschaft hatte die offene Ohnmacht der Behörden gespürt. Das Beispiel der französischen Revolution wirkte unterschwellig fort. Beschwerden der Untertanen über ihre Herren häuften sich, Tätlichkeiten, Diebstahl und Verbrechen nahmen zu. Stülpner war, vor diesem Hintergrund, wie eine dauernde Mahnung und Warnung für die Obrigkeit. Was wäre, wenn sein herausforderndes Verhalten Schule machte im Volk? Stülpner war seinen Häschern doch nicht nur trotz aller großangelegten Fahndungsaktionen immer wieder entwischt. Die Obrigkeit konnte heilfroh sein, so leichten Kaufs davonzukommen, als Stülpner im Jahre 1800 erneut um Begnadigung bat. Hinter Kasernenmauern vermochte er ihrem Ansehen nicht mehr zu schaden. Die Bevölkerung würde ihn bald vergessen haben. Hätte ihn dagegen eine Kugel getroffen, wäre er der erklärte Held des aufsässigen Volkes und eine ewige Gefahr gewesen... Man beeilte sich, Stülpners persönliche Zwangslage auszunutzen und seinen bescheidenen Wünschen entgegenzukommen. Man stellte ihm die Unterstützung seines Gnadengesuchs bei Hofe, baldige Entlassung aus dem Militärdienst und gar eine Anstellung als herrschaftlicher Förster in Aussicht. Ginge das in Erfüllung, hätte der Scharfensteiner Ortsrichter keinen Grund mehr, einer Heirat Stülpners und seiner Tochter die Zustimmung zu verweigern.

Was die Begnadigung anbetraf, hielt man dieses Mal Wort.

Und glaubt man Schönberg bzw. Stülpner selbst, ging zumindest die Hoffnung auf baldige Verheiratung in Erfüllung:

»Kurze Zeit darauf, als Stülpner wieder zu seinem Regimente zurückgekehrt war, verehelichte er sich mit der Tochter des Richters Wolf aus Scharfenstein, mit welcher er schon seit mehrern Jahren in näherer Verbindung gestanden, aberwegen seines frühern, unstäten und unerlaubten

Lebenswandels die Einwilligung der Aeltern zur Trauung nicht erhalten hatte.
Jetzt, da er wieder auf freien Fuß gestellt war, und sich eifrig bestrebte, durch rege Thätigkeit und treue Pflichterfüllung seine begangenen Vergehungen wieder gut zu machen, konnte der alte Richter Wolf (seine Gattin war kurz vorher gestorben), den wiederholten Bitten, der Tochter seine Genehmigung zur Verbindung mit ihrem Carl zu geben, nicht länger mehr widerstehen, wozu ihn noch die Folgen eines schwachen Augenblicks, hinsichtlich des vertrauten Umgangs seiner Tochter mit Stülpnern, um so mehr bewogen.«

In der Tat findet sich im Taufregister des Pfarramts Großolbersdorf unter dem 11. Juli des Jahres 1799 die Eintragung:

»Hanne Eleonore, Töchterlein von Hannen Christianen, H. Christian Wolfens Accis-Einnehmers, Richters und Tüchers in Scharfenstein ehelicher einziger Tochter. Karl Heinrich Stilpner ist der Vater.«

Unter dem 27. 6. 1799, also zwei Wochen früher, ist im Großolbersdorfer Kirchenbuch zu lesen:

»Erscheint Johanne Christiane, Herrn Johann Christian Wolfs, Accis-Einnehmers und Richters in Scharfenstein ehelich einzige Tochter freiwillig und bekennet, wie sie seit 32 Wochen schwanger sei und zwar von Carl Heinrich Stilpnern, der sie auch das vorige Mal geschwängert.«

Das erste, 1796 zur Welt gekommene Kind Stülpners und Hanne-Christianes war tot zur Welt gekommen. Ihr zweites, das Töchterchen Hanne Eleonore, bleibt am Leben. Es sollte nicht ohne Vater, es sollte in einer ordentlichen Familie aufwachsen. Es gab den Ausschlag, daß Stülpner sein freies Wildererleben aufgab. Am 11. September des Jahres 1800, ein Jahr nach der Geburt Hanne Eleonores, kehrt Stülpner nach Chemnitz zum Regiment zurück.

Entgegen der Angabe in der Schönbergschen Biographie kommt es jedoch nicht zu einer baldigen Heirat zwischen Stülpner und Hanne-Christiane. Im Großolbersdorfer Traureqister findet sich keine entsprechende Eintragung. Dagegen offenbart das Taufbuch des Jahres 1806: »4. Januar 1806: Christiane Eleonora, drittes *uneheliches* Töchterlein Hannen Christianen einer geb. Wolf in Scharfenstein von ihrem abermahligen Schwängerer Carl Heinrich Stilpner, Musquetier unter dem Löbl. Prinz Maximilianisch. Inf.Reg...«

Unter den Paten dieses Kindes befindet sich übrigens Frau Hanne Sophie Wolfin, Ehefrau des Richters Wolf und Mutter Christianes, die laut Schönberg bereits um 1800 verstorben sein soll.

Fünf Jahre nach seiner freiwilligen Rückkehr ins Regiment ist Stülpner noch immer unverheiratet. Auch die Kompanieliste weist es aus. In ihr ist außerdem vermerkt, Stülpner sei kinderlos. Hat er sein eigenes Kind verleugnet? Und wenn, warum? Hat es der Ortsrichter von ihm verlangt? Oder hat dieser selber für die Eintragung gesorgt? Stülpner war Analphabet. Er hat die Listen mit drei Kreuzen abgezeichnet. Gingen, wie üblich, Standes- und Geldinteressen vor menschliche Bedürfnisse und Rechte? Für die Eltern Hanne-Christianes ist Stülpner nach wie vor keine standeswürdige Partie für ihre Tochter. Er ist ein Habenichts, ein Außenseiter, ein Tunichtgut für sie. Sie versuchen alles, die Heirat zu verzögern, zu hintertreiben. Vielleicht macht der Richter seinen Einfluß dahingehend geltend, daß der Kompaniechef Stülpner nicht entläßt, seine Gesuche abschlägig bescheidet, ihn »zur Geduld verweist«. Vielleicht tut das der Kompaniechef auch schon aus eigenem Interesse. Stülpner ist ein guter Soldat und Schütze. Solch einen Mann gibt man nicht gern her, zumal in solch unsicheren kriegerischen Zeiten.

Fest steht eines: Stülpner wird hingehalten. Jahr um Jahr verweigert das Regiment ihm die Entlassung. Jahr um Jahr schiebt die Ortsrichtersfamilie die Heirat hinaus. Von einer Försterstelle ist schon gar nicht mehr die Rede. Sie ist längst von einem Glücklicheren besetzt. Eine Vergangenheit wie die Stülpners schüttelt man nicht ab. Zwar hat man ihn begnadigt. Doch welchen Preis muß er dafür zahlen. Was ganze Häscherkommandos nicht vermochten, ihn zu einem treuen und braven Untertanen zu machen, das haben nun seine eigenen Herzensbindungen fertiggebracht. Er ist in Kasernenmauern gefangen, an den gemeinen Soldatendienst gefesselt. Als vogelfreier Wildschütz konnte er seine Gefährtin und sein Kind öfter sehen als jetzt. Chemnitz und Scharfenstein liegen drei Wegstunden auseinander. Der Urlaub, der Ausgang sind für einen ledigen Gemeinen knapp bemessen. Vielleicht haben Hanne-Christiane, das heranwachsende Töchterchen und er einander manchmal auf halbem Weg getroffen. Vielleicht ist Hanne-Christiane mit dem Kind auf einem Fuhrwerk mitgefahren. Doch die Stunden des Beisammenseins sind demütigend kurz. In Scharfenstein dürfen sie einander weiterhin nicht offen sehen. Aus Rücksicht auf das Ansehen der Ortsrichterfamilie. Sie werden sich heimlich in der Wohnung der Mutter Stülpners im Gottschalk-Haus oder außerhalb des Ortes bei Verwandten und Bekannten getroffen haben. Stülpner hat sein vierzigstes Jahr überschritten, Johanne-Christiane geht auf ihr dreißigstes zu. Von Anfang an haben sie ihre Liebe vor den anderen verbergen müssen, nie haben sie sich als Paar miteinander sehen lassen und sich zueinander bekennen können. Die Stunden ihres Beisammenseins waren immer von der Gefahr der Entdeckung überschattet. Wie lange will man ihnen das Recht, als Familie zusammenzuleben, noch verweigern? In einer Zeit, da die Menschenrechte weltweit verkündet und erstritten werden? In welche Falle ist Stülpner da nach all seinen gelungenen Streichen und bestandenen Abenteuern getappt?

Er hat sich auf ein Terrain begeben, auf dem er nichts zu bestellen hat. So niedrig wie sein Sold, so gering sind seine Möglichkeiten, seine Interessen zu vertreten. Im Gesellschaftsgefüge steht er ganz unten, als ein gemeiner Soldat, der nichts als zu gehorchen hat, als Habenichts, der den Besitzenden und Machthabenden nichts gilt. All seine List und Gewandtheit und sein Mut und sein Humor nützen ihm nichts. Gegen das Geflecht von Macht- und Geldbeziehungen, in dem er gefangen ist, richtet sein gerader Sinn nichts aus. Im Gegenteil. In der Hoffnung auf baldige Entlassung bemüht er sich um beste Führung. Mit dem Ergebnis, wiederum zur Geduld verwiesen zu werden. Grund: Auf solche Kerle wie ihn könne die sächsische Armee nicht verzichten... Auch der Trick, sich in den Kompanielisten bei Neuangabe um fünf Jahre älter zu machen, fruchtet nichts. Einen Stülpner wird man noch mit sechzig in der Kaserne behalten...

Die Ortsrichtersleute wissen wohl, daß ihre Tochter von ihnen abhängig ist. Der Sold Stülpners reicht nicht aus, eine Familie zu ernähren. Und selbst bei bester soldatischer Führung kann ein Stülpner nie beim Militär Karriere machen. Offizier kann nur ein Adliger oder wohlbestallter und protegierter Bürgerlicher werden. Hanne-Christiane ist auf die Unterstützung der Eltern angewiesen. Wohin sollte sie mit ihrem Kind? Sie könnte sich nicht einmal selbst ernähren. Johanne-Christiane muß weiter hoffen und harren... Darüber gehen ihre besten Jahre dahin...

Richter Wolf und Gattin halten die Liebenden hin. Sie

hoffen, die Beziehung ihrer Tochter zu Stülpner gehe unter all den Belastungen eines Tages in die Brüche. Oder irgend etwas anderes komme dazwischen. Die Tochter bekäme trotz des Kindes immer noch einen standesgemäßen Mann.

Es sah aus, als gehe der fromme Wunsch der Richtersleute in Erfüllung. Die Weltgeschichte selbst ist es, die noch einmal gewaltsam in Stülpners Leben eingreift. Hatte Stülpner einst als in die preußische Armee gepreßter Soldat gegen das revolutionäre Frankreich ins Feld ziehen müssen, so kommen ihm nun, da er wieder in seinem sächsischen Regiment steht, die Franzosen unter höchstpersönlichem Oberbefehl des Welteroberers Napoleon Bonaparte auf halbem Wege entgegen. Als Angehöriger des sächsischen Truppenkontingents nimmt Stülpner an der entscheidenden und für die alliierten Preußen und Sachsen vernichtenden Doppelschlacht von Jena und Auerstedt teil. Wird ihn seine Wildschützenparole »Mich schießt keiner tot!« auch dieses Mal vor den feindlichen Kugeln schützen?...

Für dich, da setz ich Gut und Ehr

Hoch oben auf dem Kamm des Gebirges bläst der Wind schon kalt. Er riecht nach Schnee. Die Hochbrunftschreie der Hirsche in den Forsten sind verhallt. Die Tiere im Wald bereiten sich zum Winter. Die Randfichten federn im Wind. Die Vogelbeerbäume an der Straße, die Espen und Birken in den Büschen sind schon fast kahlgeweht. Aus der Feueresse des kleinen Gasthauses am Waldrand hinter dem Ende des kleinen Kammdorfes quillt Holzrauch. Ein verwegen aussehender untersetzter Bursche in mittleren Jahren nähert sich auf der Straße von St. Christophhammer herüber. Er zieht das eine Bein nach und kommt nicht schnell voran, zumal ihm der Wind ins Gesicht bläst. Der lange, dünne Kerl, der ihm folgt, hat ihn bald eingeholt. Er trägt eine Kiepe auf dem Rücken, auf der eine Anzahl Kehrbesen aus Birkenruten befestigt sind. Die beiden wechseln ein paar begrüßende Worte. Sie begeben sich in ein Gebüsch. Nur einem sehr aufmerksamen Beobachter fällt auf, daß, nachdem sie auf der Straße weitergehen, der Untersetzte das Bein nicht mehr nachzieht und die Besenladung des Dürren etwas an Umfang gewonnen hat. Bald haben die beiden Gesellen das Gasthaus erreicht und treten ein.

»Das ist der Berndtfranz«, sagt der Wirt, auf den Untersetzten weisend, zu der jungen Frau am Ausschank. »Und das der Neubauer Karl«, den Langen mit den Rutenbesen vorstellend. »Ich hab' dir ja schon von den beiden erzählt.«

»Was gibt's denn über uns zu erzählen?!« fragt der Neubauer Karl.

»Hast freilich recht, was Gescheites nicht«, pariert der Wirt. Und auf die Frau zeigend: »Das ist sie, meine Liebste.«

»Von ihr hast du uns noch nichts erzählt, alter Schwerenöter!« sagt der Berndtfranz.

»Nun hat der ›Lustige Jäger‹ endlich eine Wirtin!« sagt der Neubauer Karl. »Herzlich willkommen bei uns hier oben!«

Er reicht ihr die Hand und küßt die ihre nach galanter Wiener Art.

Der Berndtfranz folgt seinem Beispiel.

Die beiden setzen sich zu drei anderen Männern an den Tisch. Bald stehen Bierkrüge und Schnapsgläser vor ihnen und Schinken- und Käsebrote. Der Wirt setzt sich zu ihnen. Sie nehmen das begonnene Gespräch wieder auf. Es geht um ein gemeinsames Jagdunternehmen, zu dem sie bei Einbruch der Dämmerung aufbrechen wollen. Bevor der große Schnee fällt und Wald und Flur unwegsam macht, wollen sie noch ein paar Stück Wild zum Vorrat abschießen. Sie sprechen über den günstigsten Treffpunkt. Es fallen Worte wie »Beim Lustigen Hansen«, »Bärenfang« und »törichter See«. Der Wirt gibt ihnen Hinweise, und ihre Blicke hängen an seinen Lippen.

»Willst du nicht selber mitgehen, Karl«, sagt der Neubauer Karl. »Dein Stutz hat auf meiner Besenkiepe allemal noch Platz.«

»Ich geh' schon mit. Will wieder mal ein selber geschossenes Hirschel in der Pfanne braten seh'n.«

Die Wirtin hat sich indessen in die hintere Stube zurückgezogen. Ein achtjähriges Mädchen sitzt am Tisch über einer Schiefertafel und rechnet fleißig darauf. Der Raum ist eher ärmlich ausgestattet, aber mit Geschmack und Geschick gemütlich und liebevoll eingerichtet. Die junge Frau sieht sich zufrieden um, sie genießt es offensichtlich, hier in ihrem eigenen kleinen Reich zu sein. Sie beugt sich über das Töchterchen und prüft nach, ob es auch die Aufgaben richtig rechnet, und streicht ihm über den Kopf. Dann setzt sie sich an den auf dem Ständer stehenden Klöppelsack und beginnt mit geschickten Händen, die Klöppel zu bewegen. Leise summt sie vor sich hin:

»Ich bin e gebirgisches Mädel,
bin munter, nicht falsch und aah gut,
dreh' fleißig beim Klöppeln mei Fädel. –
So arm ich bin, hob' ich doch Mut!«

Die Frau wirkt in der Tat noch mädchenhaft. Um die dreißig, ist sie noch von schlanker, fast schmächtiger Gestalt. Nur ihr Gesicht verrät, daß sie schon Vieles erlitten und früher wohl einmal bessere Tage erlebt hat. So recht will sie in die herbe Kammgegend und unter die rauhen Leute hier oben nicht passen. Doch wenn sie drinnen am Ausschank erscheint und an den Tischen bedient, bezähmen die Gäste wie von selber ihre grobe Ausdrucksweise und werden mild und umgänglich. Sie selber ist mit ihrem Los offenbar zufrieden. Wenn sie verstohlen nach dem Wirt blickt, merkt der es immer und nickt und lächelt ihr zu. Über ihrem von erduldetem Leid gezeichneten Gesicht liegt es wie ein stiller, schöner Glanz von lange ersehntem und endlich eingetroffenem Glück. Manchmal nur geht ihr Blick unversehens zum Fenster hinaus und über die kahle und traurige Kammlandschaft hinüber zum Grenzwald, und in ihren Augen erscheint ein Ausdruck von Unruhe und Schuldgefühl. Doch dann klöppelt sie weiter und singt:

»... So arm ich bin, hob' ich doch Mut!«

Die Dämmerung bricht herein. Das Tageslicht reicht nicht mehr aus. Die junge Frau will Licht machen. Es klopft an die Tür. Sogleich tritt ein junger Mann herein.

»Hanne-Christ«, sagt er.

»Fritz!« sagt die Frau. Sie ist freudig überrascht, tritt zu ihm. »Schön, daß du mich so bald besuchst! – Wie geht es daheim? – Aber wie siehst du aus! So blaß! Fritz, was ist passiert?«

Der junge Mann unterdrückt mühsam ein Aufschluchzen. Es fällt ihm schwer zu sprechen.

»Hanne-Christ«, sagt er, »die Mutter, sie ist gestorben.«

»Mutter, mein Gott. Vor fünf Wochen war sie noch gesund...«

»Sie hat's nicht verwinden können, daß du fortgegangen bist. Sie ist am Schlagfluß gestorben.«

»Mutter, verzeih mir...«

»Du mußt dir keine Vorwürfe machen, Hanne-Christ. Sie hatte selbst schuld. Wie sie dich behandelt hat...«

»Verzeih mir, Mutter...«

Hanne-Christ bricht in Tränen aus.

»Aber Vater«, sagt sie dann. »Sag mir, wie geht es Vater?!«

»Es ist so furchtbar, Hanne-Christ. Vater hat sich – am Tag nach Mutters Begräbnis – das Leben genommen...«

»Vater!« Sie hat das Wort herausgeschrien. Sie greift sich ans Herz, schwankt, sinkt um. Der Bruder fängt sie auf, trägt sie zum Stuhl. Das Töchterchen tritt zur Mutter, schmiegt sich angstvoll an sie. Die Mutter kommt wieder zu sich.

Der Wirt hat in der Gaststube den Schrei gehört, kommt herein.

Der Bruder berichtet ihm, was er Hanne-Christ berichtet hat.

»Doch das ist noch nicht alles, Karl«, sagt er.

»Noch nicht alles? Ist das nicht genug?« sagt der Wirt.

»Warum hast du das getan, Vater, warum«, sagt Hanne-Christ. »Das hab' ich doch nicht gewollt...«

»Das schlimmste ist«, sagt Fritz, »das schlimmste ist, daß man ihn nicht begraben will.«

»Was sagst du?!« Hanne-Christ und Stülpner sagen es wie aus einem Munde.

»In der ganzen Gemeinde findet sich niemand, der unseren Vater zu Grabe trägt. Alles Bitten nützt nichts. Die Leute sagen, was er euch beiden angetan habe, sei nicht zu verzeihen. Er habe als Richter mit zweierlei Maß gemessen, und er habe euch mit seiner Zustimmung zu eurer Heirat hingehalten und euch schließlich aus der Heimat getrieben. Eine Woche liegt er nun schon notdürftig aufgebahrt im Haus, und niemand will sich seiner erbarmen... Der Superintendent von Annaberg verweigert es, ihn anständig zu begraben, weil er ein Selbstmörder ist. Nach großem Bitten hat er erlaubt, ihn auf den Friedhof nach Großolbersdorf zu bringen. Doch der Totengräber will das Grab nicht ausheben, niemand will die Bestattung besorgen, niemand den Leichnam tragen...«

Stülpner hat die Hand Hanne-Christianes genommen, drückt sie an seine Brust.

»Das hat er nicht verdient, euer Vater«, sagt Stülpner. »Er hat ehrlich mit sich gerungen. Er hat in einem furchtbaren inneren Kampf gestanden die ganze Zeit. Daran ist er zerbrochen. Er konnte nicht über seinen Schatten springen. Wer kann das schon. Er war ein guter Richter, bevor ich in dein Leben trat, Hanne-Christ... Wer weiß, wie ich an seiner Stelle entschieden hätte...«

Hanne-Christ umarmt Stülpner. Stumm.

»Wenn niemand den Ortsrichter begraben will, dann wird es seine Tochter tun«, sagt sie dann. Sie löst sich von Stülpner, packt ein Bündel Sachen, steckt Geld zu sich, kleidet sich an.

Auch Stülpner macht sich reisefertig.

»Du darfst dich nicht sehen lassen in Sachsen«, sagt Hanne-Christ zu ihm.

»Wenn ich mich danach gerichtet hätte, daß ich mich

nicht sehen lassen durfte, dann wären wir beide niemals zusammengekommen«, sagt Stülpner. »Ich laß euch nicht allein nach Scharfenstein gehen. Ich richte ein schnelles Fuhrwerk aus… Wartet solange auf mich…«

*

Wenn Richter Wolf und Gattin in Scharfenstein gehofft hatten, Stülpner kehre nicht aus dem Krieg gegen Napoleon zurück, so wurden sie enttäuscht. Stülpner schoß keiner tot. Viele sächsische Soldaten mußten bei Jena ihr Leben lassen. Stülpner wurde nicht einmal die Haut geritzt. Er hatte sich freiwillig zu den Scharfschützen gemeldet. Doch er dachte wohl mehr ans eigene Überleben als ans Töten von Menschen, die er nicht kannte und die ihm nichts getan hatten. Zwar wurde er auf dem Rückmarsch gefangengenommen, nach Querfurt gebracht und im dortigen Schloß »verwahrt«. Doch mit Kameraden gelang ihm die Flucht.

Sein erster Weg ging zu den Menschen, die um ihn bangten und litten. Er schloß seine alte Mutter in die Arme. Diese schickte nach Hanne-Christiane und Töchterchen. Dann meldete er sich in Chemnitz beim Regiment zurück. Und kam – einmal mehr, doch nun sehr dringlich – um den Abschied ein. Und wurde – einmal mehr und sehr dringlich – zur Geduld verwiesen. Auf solch brave Kerle wie ihn konnte und wollte die sächsische Armee gerade in solchen Zeiten nicht verzichten.

Stülpner aber konnte auf die sächsische Armee verzichten. Das Maß war voll. Sechs Jahre hatte er seit seiner freiwilligen Rückkehr, elf Jahre im ganzen gedient. Zu acht Jahren hatte er sich verpflichtet gehabt. Er ging in sein 45. Jahr. Er hatte eine Familie. Und er hatte keine. Sollte er dieses Katz-und-Maus-Spiel ewig als Verlierer weiterspielen? Nach vier Jahren Dienst sollte er spätestens entlassen werden. Davon war keine Rede mehr. Es war pure Dummheit, Wortbrüchigen gegenüber Wort zu halten. Und selbst wenn er regulär entlassen worden wäre, wie sollte er hier die Familie und sich unterhalten? Ohne ein gängiges Gewerbe, einen Beruf erlernt zu haben, ohne jeden Landbesitz, von dem er hätte leben können? Als bloßer Tagelöhner konnte er nicht existieren.

Stülpner überwinterte noch in der Kaserne. Als auch oben auf dem Gebirgskamm der Schnee endlich dahingeschmolzen war, kam er beim Stab um seinen Urlaub ein. Er bereitete seine neue Existenz vor oder vielmehr die Fortsetzung der alten mit neuen Mitteln. Er nahm von seiner Mutter, den Verwandten und Freunden Abschied. Mit Johanne-Christiane vereinbarte er, daß sie sich um die altersschwache Mutter kümmere, solange sie lebe. Dann sollte sie ihm mit dem Kind nachfolgen. Stülpner schnürte sein Bündel und setzte sich über Nacht nach Böhmen ab. »Carl Heinrich Stilpner: im Monat Mai 1807 auf Urlaub desertiert«, vermeldet die Kompanieliste. Es ist seine vierte Flucht aus Militärdiensten.

In Böhmen ist Stülpner längst kein Fremder mehr. Es ist seine zweite Heimat geworden. Die Pachtung eines Gasthofs in günstiger Lage zu Grenze und Wald hat er vorbereitet. Hier bereitet er für die nachkommende Familie das Nest. Ernähren wird er sie und sich durch Handel und Pascherei, durch die Gastwirtschaft und durchs Wildern. Bei seinen Erfahrungen und Beziehungen sowie bei den hier herrschenden Verhältnissen gibt es für ihn keine großen Schwierigkeiten. Er fragt sich nur, warum er sich solange zum Narren halten ließ da drüben in Sachsen.

Wenige Monate nach Stülpners Weggang, Anfang September 1807, verstirbt seine Mutter im Alter von 89 Jahren. Nachts hat er sie vorher noch besucht. Nachts besucht er ihr Grab. Nachts leitet er Hanne-Christs Weggang in die Wege. Er besorgt ein Fuhrwerk. Ihre Habseligkeiten werden heimlich aus dem Haus geschafft und verfrachtet. Außerhalb Scharfensteins, vielleicht in Großolbersdorf, steigen sie und das Töchterchen zu. Es geht auf die Hohe Straße hinauf. Oben an der Roten Pfütze, am Zeisighübel, an der Heinzebank mag Hanne-Christ sich noch einmal umgedreht und ins enge Zschopautal hinabgeschaut haben. Ihr ganzes bisheriges Leben – drei volle Jahrzehnte – hat sie dort unten verbracht. Gerade siebzehn Jahre war sie alt, als sie den um fünfzehn Jahre älteren Mann, von dem sie nicht mehr loskommen sollte und wollte, kennenlernte. Drei Kinder hat sie zur Welt gebracht, »unehrlich«, unter Qualen und Ängsten und Zweifeln, im Haus ihres Vaters, des Ortsrichters. Ein Kind wurde tot geboren, eines starb wenige Tage nach der Geburt, eines lebt. Es ist das wichtigste Pfand, das sie ins neue Leben mitbringt. Während ihre Freundinnen und Altersgenossinnen ihre Liebsten heiraten, ihre Kinder in der Geborgenheit der Ehe und Familie großziehen, muß sie ihre tiefsten Gefühle und ihre schönsten Erlebnisse vor den eigenen Eltern und vor aller Welt verheimlichen, als ob es Todsünden seien. Sie muß sich den Eltern endlich entdecken, muß sich, von ihnen abhängig, vor ihnen demütigen und erniedrigen, muß vor Pastor und Kirchgemeinde Buße tun. Und immer hatte sie Angst um den geliebten Mann, der sich nicht sehen lassen durfte, gerichtlich verfolgt und gejagt wurde... Doch das alles lag nun unter, lag hinter ihr. Sie konnte auf und nach vorn blicken, konnte alles andere vergessen. So fuhr Johanne-Christiane Wolf auf der Hohen Straße hinauf über Marienberg und durch den Wald nach Reitzenhain und über die Grenze in ein neues Leben... Hier konnte sie ihren Geliebten offen umarmen, konnte sie frei und glücklich mit ihm zusammenleben. Sie atmete auf. Hier oben, unter dem weiten und freien Himmel des Gebirgskamms, schien es ihr, als sei ihr bisheriges Leben ein Alptraum gewesen, der nun für immer hinter ihr versinke...

Einige Wochen befand Johanne Christiane sich in Böhmen, als die Vergangenheit noch einmal erbarmungslos nach ihr griff und sie zu zerbrechen drohte... Nachdem ihre Beziehung zu Stülpner den Eltern offenbar geworden war, zog der Unfrieden ins Richterhaus ein. Eine Heirat mit dem steckbrieflich Gesuchten kam nicht in Frage. Die Eltern forderten von der Tochter, sie solle sich sofort von Stülpner trennen. Die Beziehung und ihre offensichtlichen Folgen, Schwangerschaft und bevorstehende Geburt mußten möglichst geheimgehalten, zumindest mußte der Schwängerer verheimlicht werden. Das Ansehen des Richters und der Familie standen auf dem Spiel. Schultheiß oder Richter sein hieß, den Dorfbewohnern ihre Pflichten, ihre *Schulden* und Schuldigkeiten, die sie gegenüber der Herrschaft und der Behörde hatten, anzu*heißen*, hieß, das Tun der Untertanen in eine bestimmte *Richtung* zu lenken, zu *richten*. Richter sein hieß, dazu verpflichtet zu sein, der Obrigkeit Verfehlungen der Untertanen gegen das geltende Recht und Gesetz, gegen überkommene Sitte und Ordnung anzuzeigen und einer gerechten Bestrafung zuzuführen. Es gehörte zu den amtlichen Pflichten des Richters, uneheliche Liebesbeziehungen, uneheliche Schwangerschaften und uneheliche Geburten in seinem Amtsbereich ausfindig zu machen und dem Gerichtshalter zu melden... Bisher hat Richter Wolf streng seines Amtes gewaltet. Tut er es im Falle der eigenen Tochter? Er versucht, die Sittenwidrigkeit im eigenen Hause zu verbergen, solange und so gut es geht. Die Kirche wurde ohnehin zum Mitwisser. Das sündig gewordene Gemeindemitglied hatte sich dem Pfarrer zu bekennen und vor versammelter Gemeinde Buße zu tun. Das weltliche Gericht bestrafte solche Vergehen mit Gefängnis, Bußgeld oder Pranger. Doch die Zeiten änderten sich. 1796 bringt Johanne-Christiane ihr erstes uneheliches Kind zur Welt. Ein Jahr darauf wird ihr um drei Jahre älterer Bruder Johann Traugott Vater eines unehelichen Kindes. Die allgemeine Sittenverderbnis bricht auch ins Scharfensteiner Richterhaus ein. Die – je nach Auffassung – frische oder verderbliche Luft aus dem umstürzlerischen Frankreich weht auch bis in den letzten Winkel des Sachsenlandes herüber. In den Kirchenbüchern mehren sich die Eintragungen »unehrlicher«, d. h. unehelicher Schwangerschaften und Geburten. Massive Gesetzesübertretungen aber haben immer eine Lockerung in der Strafverfolgung, eine Verminderung der Strafen zur Folge. Johanne-Christiane mag es noch schwer genug gefallen sein, sich dem Pfarrer zu bekennen. Stülpner aber erschien immer bei der Wehefrau, um sich als Vater anzugeben.

Die Kinder des Ortsrichters wuchsen in einer Zeit auf, deren Zeichen die Eltern nicht mehr zu verstehen vermochten. Die Söhne rückten mehr und mehr auf die Seite der Schwester. Es war eine Zeit- und ein Generationsproblem, das auch im Richterhaus wirkte. Verschärfend kommt die zunehmende Beliebtheit Stülpners in der Bevölkerung hinzu. Sie bleibt nicht ohne Wirkung auch auf die Söhne des Scharfensteiner Richters. Vielleicht sind sie noch stolz auf ihren unverehelichten Schwager gewesen.

Die Eltern können und wollen diese Entwicklung nicht verstehen. Sie sind bäuerlicher und kleinbürgerlicher Herkunft und in den überkommenen Moralvorstellungen der sich auflösenden mittelalterlichen Ständegesellschaft verhaftet. Sie pochen auf ihr patriarchalisches Elternrecht, auf das Recht ihres Besitztums, auf Denk- und Lebensweise, die sie auf Gedeih und Verderb und in gehobener Position vertreten. Sie pochen auf absoluten kindlichen Gehorsam auch in den menschlichen Bereichen, die sich zuerst aus dem alten Gefüge herauslösen. – Doch die Kinder, mit denen sie es ihrer Überzeugung nach gar nicht besser meinen können, als sie es mit ihnen meinen, gehen ihre neuen Wege. Sie kämpfen um ihre Befreiung von Bevormundung, von Standes- und Besitzesschranken. Ihnen gilt ihre menschliche Erfüllung mehr als das sichere Verhaftetsein in den alten Beziehungen. – An diesem Konflikt zerbrechen der Richter und seine Frau. Sie verstehen die Welt nicht mehr.

Ihre elterliche Autorität schwindet dahin. Vergeblich pochen sie auf Amtswürde und Besitz. Die Familie bricht zusammen, da die Kinder das Haus und damit den Einflußbereich der Eltern und die herkömmliche vorgeschriebene Bahn verlassen.

Nachdem Johanne-Christiane das Haus verlassen hat, brechen Widersprüche auch zwischen den Eltern selbst auf. Offenbar bringt Richter Wolf für das Verhalten seiner Tochter mehr Verständnis auf als seine Frau. Als Tochter eines Vollbauern hat sie ein ansehnliches Vermögen mit in die Ehe gebracht. Sie wertet Johanne-Christianes Weggang als absolute Absage der Tochter an die Eltern. Sie hatte ganz andere Pläne mit ihr. Die unerschütterliche Liebe und Treue Johanne-Christianes zählt offenbar in den Augen der Mutter nichts. Sie rechnet nur den Verlust, den sie selber erleidet. Nach dem heimlichen Weggehen Johanne-Christianes bricht die Ortsrichterin zusammen. Sie schafft es gerade noch, ihre ungehorsame dreißigjährige Tochter zu enterben.

»...krank und im Bette liegend«, »...jedoch übrigens bei vollkommensten Gebrauch ihrer Sinnen- und Verstandeskräfte«, so steht es im Gerichtsbuch Scharfenstein unter dem 15. Oktober 1807, erachtet die Frau Ortsrichterin Wolf es »ihrer mütterlichen Schuldigkeit gemäß«, ihren weiblichen Besitz allein ihren beiden Söhnen zu vermachen, »weil ihre einzige leibliche Tochter Johanne Christiane Wolffin als gesetzliche Geradeerbin zu den vielen und mancherlei Kränkungen und gänzlicher Hintansetzung alles ihren Eltern kindlichen Gehorsams und Achtung, auch noch den unbesonnenen Streich hinzugefügt, daß sie sich vor einiger Zeit, ohne der Eltern Vorbewußt, heimlich von hier entfernt, und wie allgemein verlauten wolle, zu dem aus Sächsischen Militärdiensten desertierten Musquetier Stilpner, vom Prinz Maximilianischen Infanterie-Regiment, nach Böhmen sich begeben haben solle...«

Zwei Tage später starb die Ortsrichterin im Alter von 66 Jahren am Schlag- und Stickfluß. Vier oder fünf Tage darauf nahm der Ortsrichter sich das Leben. Am Ende des Sterberegisters vermerkt der Pfarrer in lateinischer Sprache:

»Abermals, ach Schmerz, hat ein Greis (66 Jahre), und zwar der Scharfensteiner Richter namens Johann Christian Wolf seinem Leben ein Ende gesetzt. Dieser Mann – sonst sehr rechtschaffen – wurde, nach dem Tode seines Eheweibes schwermütig geworden, im oberen Teil des Hauses unter dem Dach hängend gefunden.

Die Behörde von Scharfenstein begab sich, nachdem dieser tragische Fall ihr gemeldet war, ins Haus. Sie stieg hinauf und befahl, gleichzeitig mit dem Chirurgen einen Arzt zu holen. Drei Dazukommende trugen außerdem den Körper eilig ins Bad. Er wird zur Ader gelassen. Alles vergeblich, erfolglos alle Wiederbelebungsversuche. Dem Justitiar in Zschopau wird durch Boten Bericht erstattet. Der meldet es dem Superintendent von Annaberg und bittet darum, soweit es möglich sei, ihn anständig zu begraben. Er aber verweigert es, erlaubt jedoch, ihn auf den Friedhof zu bringen.

Ich weiß aber in diesem Falle nicht, ob man jemand findet, der die Bestattung besorgt, das Grab auf dem Friedhof aushebt, die Leiche trägt.

Alle, bis auf den letzten Mann, lehnen es ab, den Toten zu begraben. Daher die Tatsache, daß er nun schon acht Tage unbestattet liegt. Wenn nur endlich einer für genügend Lohn ihn begraben würde! Ach, den Hinterbliebenen ist es eine Last!«

Es findet sich kein Hinweis auf die drei Kinder des Richters. Offenbar haben auch die beiden Söhne das Elternhaus verlassen.

Auch darüber, wie der Richter doch noch unter die Erde gekommen ist, wird nichts vermerkt.

Johanne-Christiane ging bei der Erbregelung entgegen dem Willen ihrer Mutter nicht leer aus. Die beiden Brüder sorgten dafür, daß sie ihren Anteil bekam.

In Böhmen hat Stülpner längere Zeit in St. Christofhammer gewohnt. Dort bewahrte man eine Jagdtasche von ihm auf. Das Gasthaus »Zum Lustigen Jäger«, das Stülpner pachtete, soll sich in Zobietitz bei Sonnenberg befunden haben. Auch in Preßnitz nahm Stülpner Quartier. Hier lebte der Strumpfwirker Philipp Uhlig aus Dittersdorf. Er war der Sohn von Stülpners ältester Schwester Johanna Christiana.

In Böhmen wird auch die Trauung Stülpners und Johanne-Christianes Wolf endlich stattgefunden haben. Ein direkter Nachweis dafür ist allerdings bis heute nicht gefunden worden. Daß sie erfolgt sein muß, geht aus dem Sterberegister von Preßnitz hervor. Hier verstarb am 31. Mai 1820 Johanne Christiane Stilpner geborene Wolf.

»Es war ein Jahr der Angst«

»Wo ist der Stülpner Karl?!« rief der Junge ganz außer Atem. Er rannte in den Hof der Grießmühle, rief ins Wohnzimmer hinein, fand dort keinen Menschen, stürzte in die Mahlstube, rüttelte den Müller am Arm. »He, wo ist der Stülpner Karl?! Oben im Dorf sind Kosaken gesehen worden! Sie müssen die Straße von Gehl'n heraufgekommen sein. Welche streichen ums Winkler-Bauer-Gut herum. Es ist ein ganzer Trupp. Die sehen aus wie die leibhaftigen Teufel! Ich hab' sie selber gesehen! Manche tragen Gewehre und Säbel oder Knüppel bei sich!«

»Um Himmels Willen«, sagte der Grießmüller. »Und der Stülpner Karl ist fort! Noch vor zwei Stunden hat er bei uns in der Stube gesessen! Er wird vielleicht hinüber ins Gottschalk-Haus gegangen sein.« Der Junge wollte loslaufen.

»Wart', Junge!« rief der Müller. »Du bist schon ganz abgehetzt. Ich schick unseren kleinen Burschen hinüber.«

Der Mühlbursche rannte ins Gottschalk-Haus.

»Wo ist der Stülpner Karl?!« – »Was ist denn los?!«, fragte die Gottschalkin, »rennst uns noch den Ofen über'n Haufen!«

»Die Kosaken!« rief der Bursche. »In Grießbach oben sind die Kosaken aufgetaucht!«

»O Je'!« sagte die Gottschalkin. »Noch vor anderthalb Stunden hat er da gemütlich auf der Ofenbank gesessen und sei Pfeifel geraucht. Da ist der Scherenschleifer gekommen und hat erzählt, oben auf der Hohen Straß', zwischen Hohndorf und der Roten Pfütz', da wär'n Kosaken oder anderes solches Mordsgesindel gesehen worden. Da ist der Stülpner Karl aufgeschossen und wie der Wind zum Loch naus gemacht. Womöglich ist er ins Schloß naufgegangen. Mit dem ungarischen Leutnant von der Schutzwache hat er doch oben in

Hilmersdorf schon so einen Haufen fremdländischer Räuber vertrieben. Mit dem wird er wohl die Sache besprechen wollen! – Wart', Bursch', ich schick' gleich's Mädel los aufs Schloß, du bist noch ganz außer Otem!«

Das Gottschalk-Mädel kam in den Schloßhof gehetzt und fragte das Gesinde, wo der Stülpner Karl sei. Ein Knecht antwortete ihr, der sei mit dem Leutnant von der Wache hinaus zur Hohen Straße geritten. Als der Knecht hörte, in Grießbach drüben seien Kosaken aufgetaucht, sagte er dem Pächter Boscheid. Dieser wiederum machte dem Burgherrn selber, dem Rittmeister von Einsiedel Meldung. Der schickte kurz entschlossen einen Husaren von der Schutzwache nach dem Stülpner und seinem Begleiter.

Der Husar jagte im Galopp nach Großolbersdorf hinauf und durchs Dorf hinauf zur Roten Pfütze.

»Wo Stilpner Karol! Wo Stilpner Karol!« rief er in den Gasthof hinein. Man wies ihn nach Hohndorf, Dort traf er auf den Gesuchten und den Leutnant. Sie hatten gerade die verängstigten Hohndorfer Bewohner beruhigt, hatten die von Börnichen herüberziehenden Banditen mit ein paar Schüssen verscheucht. Eine Stunde darauf waren Stülpner und der Husarenleutnant mit dem Melder in Grießbach. Einwohner kamen ihnen entgegengerannt, Frauen, Kinder, Greise, Männer, so gut sie konnten. Die ersten Kosaken seien in die oberen Güter des Dorfes eingefallen, hätten zu plündern angefangen.

Stülpner hob die Hand. Er wies die Flüchtigen in beruhigendem Ton an, sich in die unteren Häuser und Höfe des Ortes zu begeben. Die jüngeren Männer nahm er beiseite. Er hieß sie, sich in den Gütern ringsum mit Heugabeln, Dreschflegeln und Knüppeln zu bewaffnen. Stülpners Ruf, sein sicheres Auftreten machten ihnen Mut. Zwei der Männer kamen gar mit Gewehren zum Treffpunkt zurück. Stülpner und der Leutnant teilten die Männer in kleine Gruppen ein. In je einer Gruppe befand sich ein Mann mit Gewehr. Je einen Trupp schickte Stülpner hinter die Güter. So gedeckt, sollten sie sich auf beiden Seiten des Dorfes in den mittleren Ortsteil begeben und sich dort in guter Deckung zur Verfügung halten. Stülpner und der Offizier rekognoszierten den Ort. Die Kosaken waren bis zur Mitte des Ortes vorgedrungen und hatten sich vor dem Gasthof versammelt. Einige der Plünderer hatten zwar Gewehre, aber offenbar keine Munition mehr. Die Händler waren angewiesen, Pulver und Blei gut zu verwahren und lieber das letzte

Hemd als eine Unze Blei herauszurücken. Die meisten Marodeure waren nur noch mit Säbeln oder Messern oder Holzknüppeln bewaffnet. Doch sie waren halb verhungert und in der übergroßen Mehrzahl. Ein Kosake brachte eine Kuh aus dem Stall getrieben, zerrte sie vor den Gasthof.

Stülpner nutzte diesen Augenblick der Unachtsamkeit der Eindringlinge, sich ihnen unbemerkt bis auf zwanzig Schritte zu nähern. Hoch aufgerichtet stand er mitten auf der Straße, wie aus dem Erdboden gewachsen, in seiner grünen Jägertracht, die Doppelbüchse geschultert, den Hirschfänger an der Seite. Mit Rufen und Gesten bedeutete er den Eindringlingen, sich dorthin zu verziehen, woher sie gekommen waren.

Die Kosaken, verwilderte Kerle, machten Anstalten, auf den einzelnen Mann loszugehen. Sie brüllten durcheinander, drohten mit Säbeln, Prügeln und Gewehren und kamen auf ihn zu.

Plötzlich riß Stülpner seine beiden Pistolen aus dem Gürtel unter dem Wams, entsicherte und feuerte eine ab, daß die Kugel dicht über den Köpfen der vordersten Kerle hinflog.

Der Schuß war das Signal für Stülpners kleine Befreiungsarmee. Wie besprochen, standen ringsum hinter Zäunen, Bäumen und Sträuchern die Grießbacher Bauern und Häusler mit drohendem Gebrüll und erhobener Wehr. Gleichzeitig hatte sich im Rücken der Marodeure mit einem Schlag die Gasthoftür geöffnet, und heraus trat in voller Montur und mit gezückter Pistole der Husarenleutnant. Ebenso hatten sich im Haus die Fenster geöffnet, und überall drohten Gewehrläufe oder, als deren Ersatz, Gabelstiele und Dreschflegel heraus.

Fast war es überflüssig, daß der Leutnant noch einen Schuß über die Köpfe der Kosaken hinweg abgab. Murrend traten sie den Rückzug an, bis die hervorspringenden und auf sie zustürmenden Grießbacher ihnen vollends Beine machten. Sie vertrieben auch die Bande, die schon die oberen Höfe zu plündern begonnen hatte, nahmen ihnen aber vorher noch sämtliche Beute wieder ab. Mit Schlägen wurden sie aus dem Dorf hinausgetrieben.

»Seht ihr«, sagte Stülpner schmunzelnd zu ihnen, als sie sich am Gasthof wieder versammelten, »seht ihr, was ihr für Kerle seid. Ihr habt unsereinen nun nicht mehr nötig.«

Doch ein paar Tage darauf kam wieder ein Junge in die Grießmühle gestürmt und rief: »Wo ist der Stülpner Karl?!«

»Sind etwa wieder Kosaken im Dorf?!« fragte der Müller.

»Mit denen werden wir allemal alleine fertig!« entgegnete der Junge. »Der Stülpner Karl, der soll in den Gasthof kommen. Da kann er essen und trinken, soviel er will. Wir wollen unseren Sieg über die Kosaken feiern!«

Dieses Mal saß der Stülpner Karl in der Grießmühle. Und er eilte auch dieses Mal, so schnell er konnte, den Grießbachern zu Hilfe...

*

»Als 1813 die Österreicher nach Sachsen gegen Napoleon marschierten, um bei Dresden noch einmal von ihm geschlagen und gefangen zu werden; so kehrte auch Stülpner, nachdem kurz darauf daselbst Generalpardon erlassen worden war, wieder mit den Seinen nach Scharfenstein zurück und erhielt endlich sechs Wochen nach seiner Ankunft seinen Abschied.

Da noch in demselben Jahr, wie allen Bewohnern unsers Erzgebirges aus trüber Erfahrung nur zu gut bekannt seyn wird, den ganzen Spätherbst hindurch eine Menge Kosaken das Land durchstreiften und jeden Schlupfwinkel gleich Spürhunden aufsuchend, sich oft sehr räuberisch dabei betrugen; so geschah es auch, daß eines Tages gegen 200 Mann sogenannter Bauerkosaken nach Scharfenstein kamen, daselbst plünderten und alles mitnahmen, was sie fortbringen konnten. Auch Stülpner blieb nicht unverschont, indem ebenfalls alle seine und seiner Familie Habseligkeiten von diesem Raubgesindel gewaltsam mit fortgeführt wurden. – Entrüstet über diese Frechheit, eilte Stülpner zwei Nachzüglern nach, und warf sie, nach einigen erst unsanft ausgetheilten Rippenstößen, in die Zschopau, um ihnen hier ein russisches Dampfbad zu bereiten. –

So befreite er kurz darauf das Dorf Grießbach, wo auch eine Menge Kosaken plünderten, mit Hilfe eines ungarischen Husarenoffiziers, der auf dem Schloße Scharfenstein als Salvegarde lag, von diesen Räubern, und hatte sich durch seine längst anerkannte Bravour und Kühnheit einen solchen Ruf erworben, daß er überall in der Umgegend, wo solche Plünderungen verübt wurden, zu Hilfe herbei gerufen wurde, und durch seine Geistesgegenwart und derben Fäuste so manche Mißhandlung gegen die armen Einwohner, und Entreißung ihres Eigentums unterdrückte.« (Carl

Heinrich Wilhelm Schönberg, »Carl Stülpner's merkwürdiges Leben und Abenteuer...«, Zschopau 1835)

Ein Jahr der Angst, voll Krieg und Schrecken nannte Johannes Reetz, Pastor zu Großolbersdorf, das Jahr 1813. Wieder einmal verwandelten die segensreichen und friedlichen Handelswege des Erzgebirges sich in Heeresstraßen, das Gebirge selbst in Besatzungs-, Plünderungs-, Aufmarschgebiet.

»Am 10. S, n. Trin. vormittags unter dem Gottesdienst kamen etliche 1000 Mann Kaiserl. Oesterreichische Infanterie, Husaren, Dragoner und lagerten sich auf den Grünauer Höhen. Diese Truppen brachen am Nachmittag wieder auf, jedoch nur, um größeren Massen Platz zu machen. Ein Kriegsheer von vielen tausenden Russischer, Oesterreichischer und Preußischer Truppen besetzten Heinzebank, Lauta, Marienberg, Lauterbach, Lauterstein, Hilmersdorf, Geringswalde, Wolkenstein, Schönbrunn, Schlettau, Hohndorf und Großolbersdorf...«

Die Feldfrüchte wurden abgemäht, von Menschen und Tieren niedergetreten und von nachkommenden Tausenden von polnischen und ungarischen Ochsen abgeweidet, aus Wald und Bauernbüschen holte die Soldateska sich nach Belieben Brennholz für ihre Wachtfeuer. Tag für Tag gab es in den anliegenden Ortschaften Überfälle, Mißhandlungen, Plünderungen und Raub. Als für die Wachtfeuer kein geschlagenes Holz mehr vorhanden war, fielen die Soldaten in die Dörfer ein und deckten die Dächer der Häuser ab, zersägten Sparren und Balken, Fensterläden und Türen. Die Straßen waren unsicher, den friedlichen Passanten wurden Geld, Kleider und Schuhwerk abgenommen. Das Vieh wurde von der Weide getrieben und am Lagerfeuer gebraten und verzehrt.

»Da der damalige Besitzer von Scharfenstein, Rittmeister Alexander v. Einsiedel, zu jener Zeit Kaiserl. Oesterr. Ober-Land-Kommissär geworden war und eine Kaiserliche *sauve garde* (Schutzwache) erhielt, war es von dort aus möglich, etwas Erleichterung zu verschaffen, insofern, als ein Teil des Viehs der Bewohner und ihre Habseligkeiten auf die Burg geschafft wurden und dort vor dem Zugriff der Truppen geschützt waren...« (Johannes Reetz, »Geschichte und Geschehen in der Kirchengemeinde Großolbersdorf«, 1930)

Stülpner hatte in Böhmen, auf dem St. Christophshammer bei Sebastiansberg, das Gasthaus »Zum lustigen Jäger«

gepachtet. Er lebte also ganz nahe an der Grenze zur sächsischen Heimat und an der Handels- und Heeresstraße Prag–Leipzig. Er war über das Geschehen in seiner Heimat genau informiert. Die Tätigkeit als Gastwirt, der kleine Paschhandel, den er trieb, konnten ihn kaum befriedigen. Er war daran gewöhnt, seinen Mut und sein Schützentalent unter Beweis zu stellen. Da er infolge der politischen Veränderungen in Sachsen, die mit den Befreiungsaktionen um die Leipziger Völkerschlacht einhergingen, nicht mehr als Deserteur belangt werden konnte, kehrte er nach Scharfenstein zurück. Dort sah er eine ihm gemäße Aufgabe: streunende Marodeure zu bekämpfen und zu vertreiben. Er hat diese Aufgabe in alter Stülpnerscher Bravour gelöst.

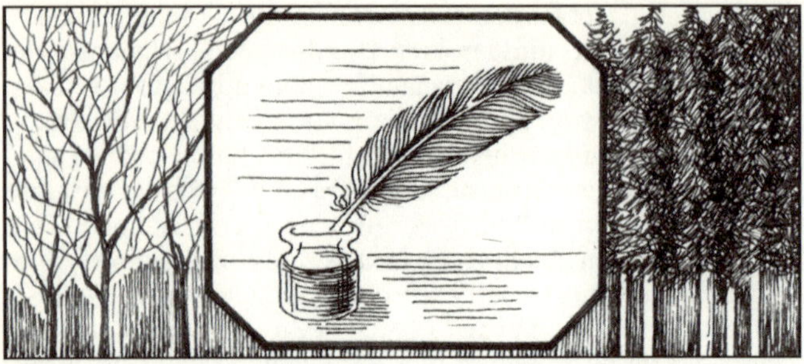

Daß Carl Stülpner noch lebt ...

»Hört, ihr Leipziger Bürgersleut'! Hört her! ich hab' euch heut' was ganz Besonderes zum Kauf anzubieten! Etwas, das ihr noch auf keiner von euren berühmten Messen angeboten bekommen habt! Ob ihr's glaubt oder nicht, es ist mein eigenes selbsterlebtes Leben, das zum Verkauf steht! Ja, ihr Leipziger Bürgersleut', mein merkwürdiges Leben und meine Abenteuer als Wildschütz im sächsischen Hochgebirge sowie meine erlittenen Schicksale während meines unter verschiedenen Kriegsperioden und Nationen getanen 25jährigen Militärdienstes, von mir selber der Wahrheit treu mitgeteilt und herausgegeben von dem berühmten Skribenten Carl Heinrich Wilhelm Schönberg nebst einem lithographierten Prospekt der allbekannten Burg Scharfenstein an der Zschopau und meinem höchsteigenen Porträt, gedruckt vom Buchdrucker und Verleger Eduard Hasper in Annaberg und erschienen in Commission der Schön'schen Leihbibliothek zu Zschopau im diesigen Jahre 1835, steht für ganze 20 Groschen zum Verkauf! Ja, ihr Leipziger Bürgersleut', greift zu, solange der Vorrat reicht! Für den Spottpreis von 20 Groschen verkauf ich euch mein Leben! ...«

Der da mit lauter, markiger Stimme und in erzgebirgischer Mundart in den Straßen der berühmten Buch- und Messestadt Leipzig sein eigenes Leben ausschreit, ist ein alter, jedoch noch recht rüstiger und hünenharter Kerl in verschlissener Jägertracht und mit einem wettergegerbten gutmütig-bärbeißigen Gesicht. Er trägt ein ramponiertes Jagdkoppel mit Hirschfänger, eine Jagdmütze mit angenähten Rehfüßen und vorgesetztem Blendschirm und eine Brille. Über der Schulter hat er eine prall gefüllte Jagdtasche hängen. In der einen Hand hält er ein Buch hoch, mit der anderen zeigt er darauf. Das Buch ist aufgeschlagen, die Abbildung einer Burg und ein Porträt sind zu sehen.

Unter den städtischen Passanten wirkt der Alte wie eine

Gestalt aus einer längst vergangenen Zeit oder wie ein Waldmensch aus einer fernen Welt. Die Leute schmunzeln im Vorbeigehen, manche bleiben kurz stehen, gehen kopfschüttelnd und amüsiert weiter. Spöttische Bemerkungen fallen: »Was will dieser Waldschrat in der Stadt!«, »Ist das der Rübezahl persönlich?«, »Wer's schon nötig hat, Bücher auf der Straße zu verkaufen!«... Ein älterer, vornehm gekleideter Herr ist schon fast vorbeigegangen, bleibt doch noch stehen, tritt näher, hört dem Buchausschreier interessiert zu und blickt ihm neugierig ins Gesicht.

»Als Wildschütz habt Ihr gelebt, sagt Ihr?« fragt er schließlich den Alten. »Als Wildschütz im Erzgebirge? Hat Ihr Steckbrief in den Neunziger Jahren etwa in den ›Leipziger Zeitungen‹ gestanden? Seid Ihr etwa gar der Stülpner Karl selber?«

»Der muß ich wohl sein«, sagt der Angesprochene. »Hier steht es doch schwarz auf weiß zu lesen!«

Damit schlägt Stülpner die Titelseite des Buches auf und hält es dem Herrn hin. Der liest den Titel.

»In der Tat! Ihr seid's!« sagt der Herr. »Jetzt erkenn' ich euch auch wieder! Freilich ist es bald an die vierzig Jahre her, daß wir uns sahen.«

»Der Herr kennen mich?« fragt Stülpner verwundert. »Ich wußte gar nicht, daß ich so vornehme Bekannte in Leipzig habe.«

»Wir haben einmal eine Schlittenpartie miteinander gemacht«, sagt der Herr. »Durch den Reitzenhainer Wald. Ich war auf einer Studienreise nach Prag. Im Schneegestöber war ich von der Paßstraße abgekommen und hatte mich im Forst verirrt. Der Schnee lag meterhoch, und das Pferd kam kaum noch vorwärts. Und ein Baum glich dem andern, ich fand mich nicht mehr zurecht. Und ich hatte schreckliche Angst vor dem Räuberhauptmann Stülpner, der, wie ich unterwegs in den Gasthöfen gehört hatte, in den erzgebirgischen Wäldern sein Unwesen treiben sollte. Ich glaubte alle Augenblicke, der Stülpner trete hinter einer Fichte hervor und falle mit seiner Bande über mich her. Da trat wie von ungefähr ein schmucker Jäger aus dem Gebüsch. Ich bat ihn, hinten aufzuspringen und mir den Weg zu weisen. Das tat er. Unterwegs gab ein Wort das andere. Wir kamen auch auf den Räuberhauptmann Karl Stülpner zu sprechen. Ich fragte den Jäger, ob er mehr über ihn wisse, und er erzählte mir allerhand Gutes von Stülpner, er sei nur durch gewisse Lebensumstände vom rechten Weg abgekommen, so wie ich durch die Schneewehen von der Straße abgekommen sei. Ein Räuberhauptmann sei er gar nicht, sondern ein Wildschütz. Den Räuber dichteten ihn Leute an, die auf seinen Namen räubern wollten. Bald hatte der Jäger mich auf den richtigen Weg gebracht. Der Jäger sprang ab und sagte, ich habe die ganze Zeit selbst mit Stülpner gesprochen. Bevor ich mich bedanken und erkenntlich zeigen konnte, war er im verschneiten Wald verschwunden. – Könnt Ihr Euch daran erinnern, Stülpner?«

»Ich hab' unser damaliges Zusammentreffen nicht vergessen, Herr. Eure Geschichte steht mit in meinem Lebensbuch drin.«

»Dann bitte ich um drei Exemplare Eures Lebensbuches, Stülpner!«

Stülpner entnimmt seiner Jagdtasche die verlangten Exemplare. Der Herr zieht seinen Geldbeutel, zahlt reichlich, wünscht Stülpner Lebewohl und geht.

Dem Beispiel des vornehmen Herrn folgend, sind weitere Passanten bei dem Buchverkäufer stehengeblieben. Zwei Männer und ein Fräulein lassen sich das Buch zeigen und kaufen je ein Exemplar. Stülpner nimmt einen stärkenden Schluck aus seiner Jagdflasche und erhebt aufs neue seine Stimme, um das gut angelaufene Geschäft nicht ins Stocken geraten zu lassen.

»Zwischen diesen beiden Buchdeckeln«, ruft er, das Buch hochhaltend, »zwischen diesen beiden Buchdeckeln hier steht geschrieben, wie ich im erzgebirgischen Grenzwald oben die Grünröcke und die Gerichtsbeamten an der Nase herumgeführt habe und wie ich einem militärischen Fangkommando nach dem andern durch die Lappen gegangen bin und wie ich meine Jagdreviere von Raubgesindel gesäubert habe. Zu lesen ist weiter, wie ich Anno 1792/93 unter preußischer Fahne gegen die Neufranken marschiert und Anno 1806 gegen Napoleon ins Feld gezogen bin! Auch steht hier schwarz auf weiß zu lesen, wie ich als einzelner Mann den Gerichtshalter Günther und seine Büttel und die Försterei samt einem sächsischen Militärkommando in die Burg Scharfenstein eingesperrt und sie einen Tag und eine Nacht lang belagert habe! Schockschwerenot, Ihr Leipziger Leute! Ich bin der Stülpner, und mich schießt keiner tot!«

Neue Passanten haben sich um den Ausschreier versammelt. Einige machen Anstalten, das Buch zu kaufen. Doch da drängt sich ein städtischer Wachmann, der Stülpner schon eine Weile mißtrauisch beobachtet hat, heran und fragt Stülpner nach der Konzession für den Verkauf seiner Bücher.

Eine Konzession? Die habe er nicht, sagt Stülpner. Die Bücher verkauften sich doch auch recht gut ohne Konzession.

Ob er sonst irgend welche Papiere habe, will der Wachmann wissen.

»Hier«, sagt Stülpner, seine Bücher vorweisend, »das sind meine Papiere. Hier steht mein Name. Und das ist mein Bild.«

»Dann komme Er mit auf die Wache«, sagt der Wachmann, »damit wir Seine Papiere überprüfen können.«

»Das freut mich, daß die Leipziger Obrigkeit solches Interesse an meinem Leben hat. Ich hab' noch genug Exemplare vorrätig«, sagt Stülpner und folgt willig dem Wachmann.

*

»So steht gegenwärtig Stülpner in seinem neu zurückgelegten 73. Lebensjahre, zwar noch rüstig, gesund und allen Elementen Trotz bietend da; doch seine Hand, vermittelst welcher er sonst seine tödliche Waffe so sicher zu dem verfolgten Ziele führte, zittert, und seine Sehkraft ist so geschwächt, daß er stets einen Blendschirm tragen muß, und hierdurch gehindert, nicht vermögend ist, durch irgend eine Handarbeit seine kümmerliche Existenz sich zu sichern. Übrigens besitzt er noch in der schönsten Erhaltung alle seine Zähne, und seine Sprache ist, vorzüglich wenn er bei dem Erzählen seiner Taten in jugendliche Hitze gerät, noch so kräftig und donnernd, daß oft die Fenster davon erklirren möchten.

Eben so ist seine ganze Haltung noch gravitätisch genug, um mit einer spanischen Grandezza darin wetteifern zu können. (S. zweites Bild, ihn in seinem gegenwärtigen Alter darstellend.)

Seine Länge beträgt 76 Zoll, und seine braune männliche Physiognomie verrät sogleich das ihm angeborne treuherzige Wesen, aber auch, wenn er gereizt wird, seine leicht aufbrausende Hitze. Die Aussprache Stülpners gleicht dem höhern erzgebirgischen Provinzial-Dialect.

Hätte Stülpner in seiner Jugend eine geregelte Erziehung genossen und Gelegenheit gehabt, sich in Kenntnissen zu vervollkommnen, so könnte er vermöge seiner Kühnheit, Geistesgegenwart und Körperstärke in ganz anderen Verhältnissen leben, da er gerade in derjenigen verhängnisvollen Zeitperiode, wie zur Zeit der französischen Revolution mit auf dem blutigen Kampfplatze erschien, so bloß das Talent, und nicht Geburt gewürdigt wurde, und so Mancher aus dem niedrigsten Haufen des Volkes sich zum großen in der Geschichte unsterblichen Mann erhoben hat, und mit einer Menge Würden, Ehrenzeichen und Gütern überhäuft worden ist.

Stülpner, dem es an hoher Protection und Wissenschaft ganz mangelte, blieb daher in seiner Niedrigkeit, und steht, wie schon erwähnt, allein und verlassen, nur von den Spenden seiner teilnehmenden Freunde lebend, hier, und hat nicht einmal ein festes Domicilium, um daselbst den Rest der ihm noch vergönnten Tage in Ruhe hinbringen zu können.

Deshalb wagte ich es, ... aus wahrhaft aufrichtiger Teilnahme gegen denselben, sein Leben, das doch wegen seiner bestandenen Abenteuer und erlebten Schicksale immer merkwürdig genug bleibt, durch den Druck herauszugeben, um durch den Erlös desselben seine drückende kummervolle Lage so viel als möglich zu erleichtern.«

So Schönberg in seiner Stülpner-Biographie.

Völlig verarmt, obdachlos, halb lahm und fast blind zieht der gealterte Stülpner von Gasthaus zu Gasthaus, um seine Streiche und Abenteuer zum besten zu geben. Dafür bekommt er hier einen Schnaps, dort einen »Schiebböcker« (ein Frühstück, wie es mit dem Schiebebock, dem einrädrigen Schiebekarren, reisende Kleinhändler unterwegs zu sich zu nehmen pflegten), anderswo auch eine kleine Geldsumme spendiert. Hier und dort läßt man ihn kostenlos in der Besenkammer oder im Stall übernachten. Ein gewisser Carl Heinrich Wilhelm Schönberg, der der Überlieferung nach eine Zeitlang in Weißbach bei Zschopau ansässig gewesen sein soll, mag zufällig einmal Zuhörer Stülpners gewesen sein. Vielleicht hat er schon über ihn gelesen. Bereits vor zwanzig Jahren ist in den »Freyberger gemeinnützigen Nachrichten« eine Folge mit dem Titel »Carl Stülpner, ein berüchtigter Wildschütz im sächsischen Erzgebirge« von Friedrich von Sydow, wenig später in der »Neuen Jugendzeitung« in Leipzig eine Folge des Titels »Karl Stülpner, ein merkwürdiger Wildschütz« von Christian Gottlob Wild erschienen. Erst unlängst ist ein »biographisches Gemälde«, das Stülpners Leben zum Gegenstand hat, in Buchform auf den Markt gekommen. Jedoch hat offenbar keiner der Autoren Stülpner persönlich gekannt, als er über ihn schrieb. Schönberg nun setzt sich mit Stülpner zusammen und bringt in dessen Biographie auch dessen eigene Angaben mit ein, ohne auf bereits Gedrucktes zu verzichten. Ein Annaberger Buchdrucker erklärt sein Interesse, übernimmt den Druck, der zuständige Annaberger Zensor findet nichts Anstößiges, der Veröffentlichung Entgegenstehendes am Manuskript und erteilt die Druckerlaubnis. Die übliche Zeitungs- und Handzettelwerbung für die Vorbestellung erfolgt. 356 Personen aus 80 Ortschaften im Erzgebirge, hauptsächlich aus Chemnitz und Annaberg, bekunden verbindlich im Vorhinein durch ihre Eintragung in die Subskriptionsliste ihr Kaufinteresse an dem Buch – für damalige Verhältnisse ein recht günstiges Ergebnis. Die Auflagenhöhe beträgt 700 Exemplare. Laut Vereinbarung gehören die durch den Verkauf der vorbestellten Exemplare erzielten Einnahmen Stülpner. Weitere Exemplare kann er selber absetzen. So macht der 72jährige sich auf, sein eigenes gedrucktes Leben auszuschreien.

Gewisse Dinge können nur gewissen Leuten passieren. Wäre Stülpner nicht bis nach Leipzig gezogen, um mit seiner Biographie zu hausieren, hätte er sich mit Chemnitz, Rochlitz, Mittweida, Geithain begnügt, wäre das Buch wahrscheinlich nicht konfisziert worden. Stülpner hätte an seinem Lebensabend eine gewisse Genugtuung empfinden und an seinem gelebten Leben einiges Geld verdienen können. Es sollte nicht sein. In der Buch- und Messestadt paßte die Sicherheitsbehörde besonders scharf auf, daß kein irgendwie anrüchiges oder gar staatsgefährdendes und etwa aufrührerisch wirken könnendes Schriftgut vertrieben wurde. Vor allem während der französischen Revolution war Leipzig mit volksverhetzenden Flugblättern, Pamphleten und anderer geistiger Konterbande überschwemmt worden. Den Behörden saß die Furcht vor Bürgerbeschwerden und -erhebungen in den Köpfen. Erst wenige Monate vor Stülpners Auftritt als Buchhausierer in Leipzig hatte, aufgrund der Verfassung von 1831 und der auf ihrer Grundlage erfolgenden Verwaltungsreformen, in der Messestadt eine neue Kreisdirektion ihre Arbeit aufgenommen. Neue Besen kehren gut – und Stülpner wurde aus der Stadt hinausgefegt. Seine »Papiere« wurden beschlagnahmt zwecks genauerer Überprüfung. Er selber hatte keine Verkaufsberechtigung für die Bücher. Er war ein einst höchst berüchtigter Wildschütz und Deserteur. Er hatte in Leipzig nichts zu suchen und wurde in seinen Heimatort Scharfenstein abgeschoben. Die genaue zensorische Überprüfung durch die Leipziger Behörde ergab, daß »diese Lebensbeschreibung in dem Bann so vieler Verirrungen ihrer Helden beschönigenden und entschuldigenden und sie gewissermaßen als Opfer der politischen Einrichtungen und der Zivilisation darstellenden Räubergeschichten abgefaßt« worden sei und »deshalb eine besonders für die Jugend gefährliche Lektüre werden« könne...

Die neue Leipziger Zensurbehörde beeilte sich, einen Bericht über die gefährliche Biographie und ihren Helden ans Innenministerium nach Dresden zu schicken. Als oberste Zensurbehörde des Landes verbot diese Druck und Verkauf des Schönbergschen Werkes als staatsgefährdend. Alle noch bei Kommissionär Schoene in Zschopau lagernden und bei Stülper verbliebenen Exemplare wurden eingezogen. Für den Fall der Mißachtung des Verbots wurde Gefängnisstrafe angedroht... So geschehen im Königreich Sachsen im Jahre 1835. Selbst als Buch war Stülpners Leben noch staatsgefährdend...

Doch regten sich Kräfte, die zu Stülpner hielten und in ihm den Menschen sahen, der er war. Der damalige Zwikkauer Druckzensor und spätere sächsische Landtagsabgeordnete Martin Gotthart Oberländer verteidigt seine Entscheidung, den Abdruck der Schönbergschen Biographie im »Dampfkalender« der Höferschen Buchdruckerei zu Zwickau zu genehmigen, indem er auf die allgemeine Beliebtheit Stülpners und der bereits über ihn veröffentlichten Literatur hinweist. Die Stellungnahme, die der sächsische Landtag zu einer entsprechenden Petition Schönbergs im Jahre 1837 abgibt, beginnt mit den Worten:

»...Der eigentliche Grund (der Petition) ist ... ein den verehrten Mitgliedern der Kammern dem Namen nach wahrscheinlich nicht unbekannter, ja seiner Zeit ziemlich berüchtigt gewesener Wildschütz, Carl Stülpner aus Scharfenstein, der im letzten Winter vorigen, zeitweise auch noch zu Anfang des jetzigen Jahrhunderts im Erzgebirge ... sein Unwesen trieb, wegen vieler daneben verübten liebenswerten Handlungen aber und weil sich mehrere angesehenen Personen für ihn verwendeten, zuletzt begnadigt wurde und von dieser Zeit an einen ruhigen Lebenswandel führte...«

Schönberg erreichte lediglich eine finanzielle Abfindung für die konfiszierten Exemplare. Er und sein Buchheld Stülpner erlebten keine Nachauflage der Biographie. Erst 1973 erschien im Zentralantiquariat der DDR zu Leipzig ein fotomechanischer Nachdruck derselben. Das Museum für Geschichte der Stadt Leipzig, der Stadt Leipzig, die Stülpner einst aus ihren Mauern wies, besitzt eines der wenigen überhaupt noch vorhandenen Originalexemplare der Schönbergschen Stülpner-Biographie...

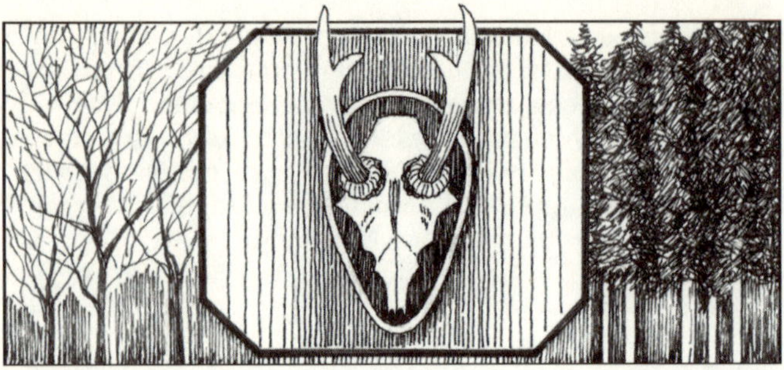

Nun tut sich die finst're Nacht schleichen

In den tiefen Wäldern oben auf dem Kamm des Erzgebirges, in den Marienberger Forsten, um Reitzenhain, hinter Satzung, »auf der Kupp«, beim »törichten See«, beim »Lustigen Hansen« schreien brünftig die Hirsche, treiben ihre Rudel zusammen, stellen sich dem Rivalen zum Kampf. Die Geweihe krachen hörnern aufeinander, die Schalen zerstampfen den nebelnassen und morastigen Boden. Irgendwo im Gehölz kracht ein Schuß und hallt wider und wider...
Es ist die Zeit der hohen Jagd. Es ist der ewige Kreislauf der Natur und des Menschenlebens. Zeugen und Töten, Werden und Vergehen verschmelzen in einem...

Eine Vogelflugstunde vom Gebirgskamm entfernt, am nördlichen Abhang der Scholle, im tief in den Fels eingeschnittenen Tal des Zschopauflusses, zu Füßen der alten Feste Scharfenstein liegt auf harter Strohschütte ein alter Jäger im Sterben. Sein einst kraftvoller, sehniger Körper ist zum Skelett abgemagert. Die Glieder schmerzen ihm. Jede Bewegung tut ihm weh. Ungeziefer sticht und quält ihn. Vernimmt er, mit dem überfeinerten Gehör des Sterbenden, den Schrei der Hirsche, das Knallen der Büchse oben in seinen Revieren?

Wie lange mag es her sein, daß er zum letzten Mal den Lauf seines tödlichen Stutzes auf ein Stück Wild richtete. Wie viele Tiere hat er in seinem Schützenleben erlegt? Es ist eine stattliche Strecke. Kaum ein anderer Jäger kann sich mit ihm messen. Rächt die Kreatur sich an ihm, indem sie seinen wehrlosen Körper nun mit unzähligen Stichen und Bissen martert? Er hat niemals ein Wild gequält. Er hat immer als guter Weidmann getötet. Er hat in jedem Tier das einmalige Leben geachtet, das auch in ihm selbst pulsierte. Er hat den Lebewesen, die er mitten in ihrem vollen Leben von Augenblick zu Augenblick tötete, ein qualvolles Hinfälligwerden, ein erniedrigendes Dahinsterben erspart. – Warum, fragt der sterbende Jäger sich, warum nur hat sich meiner nicht längst, nicht rechtzeitig ein solcher Weidmann erbarmt?! – Ja, warum hat ihn nicht damals, mitten in seinem großen Treiben, als er sich im Vollbesitz seiner Sinne und seiner Kräfte befand, nicht die gnädige Kugel eines Verfolgers getroffen? Warum mußte er erblinden und erlahmen, warum mußte er diesen langsamen, sich über lange Jahre hinziehenden Verfall seiner selbst erleben? Warum hat er sich selber in kurzsichtiger Prahlerei soviel auf seine Kugelfestigkeit eingebildet? Warum hat er so laut gerufen: »Mich schießt keiner tot!«

Ist es die Strafe dafür, daß er den Menschen, die ihn liebten, so wehgetan hat? Längst sind sie dahingegangen. Es ist, als hätten sie einem anderen Leben angehört. Allen hat er große Schmerzen zugefügt: der Mutter – es gab keine bessere –, den Geschwistern – er war das jüngste und wildeste von allen –, der langjährigen treuen Geliebten und Frau – sie gab alles für ihn hin, ohne je zu klagen –, der zweiten, viel jüngeren und andersartigen Frau, die er aus Angst vor Krankheit, Einsamkeit und dem Alter an sich zu binden versuchte, der Tochter, der er kein guter Vater zu sein vermochte... Es war sein unstetes und aufbrausendes Wesen, immer hat es ihn um- und fort- und zurückgetrieben, von Unruhe und wilden Wünschen geplagt. Es ist zu spät, um um Verzeihung zu bitten, zu spät, um es wiedergutzumachen...

Ein kalter Wind, Bote eines frühen Winters, fällt über den Kamm ins Gebirge ein, bricht sich an den Hängen, stößt ins Tal herein, streicht übers Dach und ums Haus, fährt durch Tür- und Fensterritzen herein. Der Greis erschauert. Während die letzte Wärme aus seinem einst so heiß brennenden Körper entweicht, tauchen Erinnerungen an sonnige Tage in ihm auf. Und ihm ist es, als ob er nur aufzustehen und hinauszugehen brauche, um den glitzernden Fluß dahinfließen und seine ersten noch ungewissen Wünsche und Sehnsüchte mit sich fortnehmen zu sehen. Er hört die Enten und Gänse am Ufer schnattern, er bittet die Mutter um ein Stück Brot, er läuft zum Vater in die klappernde Schloßmühle, mit den Geschwistern und Kameraden klettert er den Burgberg hinauf und schweift durch den Wald, durch den Wald, der ihn nie mehr loslassen sollte, so weit fort es ihn später auch verschlug. Nun aber ist es, als ob er für immer heimkehre, dorthin, von wo er ausgegangen ist, als ob seine Lebensuhr sich weiter und weiter zurückdrehe. Wie von weitem, dann immer deutlicher hört er die Stimmen der Geschwister, der Eltern, er spürt nahe die Mutter, wie sie sich über ihn, den Frierenden, beugt, um ihn sanft und zärtlich zuzudecken...

Als am Morgen die Hauswirtin dem Schlafgast Waschschüssel und Frühstück bringen will, hat er zu atmen aufgehört.

*

Nachdem Stülpner von der Leipziger Sicherheitsbehörde ausgewiesen und seine Biographie zur eingehenden zensorischen Überprüfung eingezogen worden war, tappte er weiter halbblind und lahmend durch seine erzgebirgische Heimat und erzählte in den Gasthäusern und bei Freunden und Gönnern für ein Stück Brot, einen Schnaps oder eine Geldgabe seine Abenteuer und Streiche. Die alten Freunde, viele Verwandte und Bekannte waren dahingegangen. Seine Tochter Hanne Eleonore hatte den Holzhändler Schönherr aus Lauterbach geheiratet und lebte mit ihm in dem Haus an der Hohen Straße in Großolbersdorf, das Schönherr Stülpners Frau abgekauft hatte. Schönherr lebte hauptsächlich vom Holzhandel und von dem kleinen Anwesen an der Hohen Straße, mußte dieses jedoch später aus wirtschaftlichen Schwierigkeiten aufgeben und zu den Eltern nach Lauterbach ziehen.

In der Nähe Lauterbachs, bei dem an der Marienberger Straße gelegenen Örtchen Lauta fand man Stülpner eines Tages zusammengebrochen am Straßenrand. Er wurde nach seinem Heimatort Scharfenstein gebracht. Dort befaßte der aufgrund der Verwaltungsreformen in Sachsen neu gewählte Gemeinderat sich in seiner ersten Sitzung ausschließlich mit der Unterbringung und Versorgung des alten und kranken Stülpner. Im Protokollbuch steht unter dem 7. Oktober 1839:

»Es wurde der zu Scharfenstein Einheimische Stilbner den 5. Oktober 1839 von der Laute nach Scharfenstein gebracht wegen alter Schwäche und sein Lahmen Bein, und nunmehro von der Comun Scharfenstein zur Verpflegung seiner Lebensweise gesorgt werden muß...«

Stülpner wurde weder zu Tochter und Schwiegersohn

gebracht, sondern in seinen entfernteren Heimatort.

In lustiger Wirtshausrunde mag Stülpner ein unwiderstehlicher Unterhalter gewesen sein. Im privaten Leben war er von klein auf an Selbständigkeit und Unabhängigkeit gewöhnt. Er war eigenwillig und empfindlich. Sich anderen unterzuordnen, fiel ihm schon immer schwer. In seinem langen und unsteten Wanderleben hatte sich manche Unsitte bei ihm herausgebildet. Von der Sympathie, die ihm andere Menschen entgegengebracht hatten und entgegenbrachten, war er verwöhnt. Jedoch eng mit ihm zusammenzuleben, brachte zunehmend Schwierigkeiten. Sein bitteres Alterslos machte ihn nicht umgänglicher. Ein mancher, der ihn aus geziemendem Abstand verehrte, hätte wohl anders zu ihm gestanden, hätte er mit dem alten Wildschützen unter einem Dach leben müssen. Der alte Soldat, Deserteur und Wilderer hatte lange Jahre seines Lebens keine feste Bleibe. Er hatte weder gelernt noch sich darum bemüht, sich eine Rücklage fürs Alter zu schaffen. Er hatte immer von der Hand in den Mund gelebt. In einem Dasein, dessen Existenz dauernd bedroht war, gehörte es zur Überlebensstrategie, nicht ans Morgen und Übermorgen zu denken. Es zählten einzig die gegenwärtigen Gefahren und der augenblickliche Genuß dessen, was sich einem gerade bot. Stülpner gab das durchs Wildern und Paschen eingenommene Geld mit vollen Händen aus, im Wirtshaus, für Freunde, für Kleidung, Essen, Trinken. Wußte er, ob ihn nicht die nächste Stunde eine Kugel traf, ihn die Häscher zu fassen kriegten? – Es prallten Welten aufeinander, wenn der Stülpner bei der Tochter und ihren Schwiegerleuten aufkreuzte. Hier hatte man zu sehen, wie man das wenige, das man besaß, hielt und vermehrte, wie man Kinder und Enkel großzog und ihnen Ordnung und Sparsamkeit beibrachte für ihr späteres Leben. Die Zeiten des Wildschützen waren vorbei. So konnte niemand mehr existieren, wie er gelebt hatte. Er war eher ein abschreckendes Beispiel für die seßhaften und um die Sicherung ihrer Existenz bemühten Bauern und Bürger. Die Tochter hatte wohl getan, was sie zu tun vermochte.

Um das Jahr 1828 erkrankte Stülpner am grauen Star. Drei Jahre soll er sich durch die Dunkelheit getastet haben. Schönberg teilt mit, ein edler Menschenfreund aus Marienberg, Herr Preißler, habe an Stülpners Schicksal großen Anteil genommen und aus seinen Mitteln die Kosten einer

Augenoperation erstattet. Eine andere, bisher nicht an die Öffentlichkeit gelangte Überlieferung besagt, die Hälfte der Operationskosten habe Stülpners Tochter mit Mann und Schwiegereltern getragen. Stülpner ließ sich bei dem für seine augenchirurgischen Fertigkeiten bekannten Mittweidaer Stadtrichter Seyfarth operieren. Er erlangte jedoch nur auf einem Auge die Sehkraft wieder. Es wird erzählt, zur Operation des zweiten Auges habe das Geld nicht gereicht, obwohl Stülpner mit dem Betrag für eine beidäugige Operation ausgestattet gewesen sei. Zu viele Gasthäuser hätten an der Straße nach Mittweida gestanden... Eine von nachtragenden Verwandten erfundene Geschichte? Daß Stülpner einem guten und starken Tropfen nicht abgeneigt war, ist überliefert. Vielleicht ruinierte der Wildschütz seine scharfen Augen auch, weil er zu vielen billigen Fusel trank...

Von vielen Wilderern ist bekannt, daß sie sich nach der doppelten Anspannung des Jagens und des Gejagtwerdens gern durch Alkoholgenuß entspannten. Auch ist ein kräftiger Trunk gegen das Anstehen bei kalter Witterung gut. Im Alter wird eine Gewohnheit leicht zur Sucht. Besonders unter Belastungen, wie Stülpner sie erlitt.

Dem Vorwurf, Tochter und Schwiegersohn hätten sich nicht um Stülpner gekümmert, widerspricht auch die Mitteilung des Großolbersdorfer Pastors Maximilian Lindner, Stülpner habe sich »zwar gar nichts für sein hohes Alter erspart, aber so oft er sich bei seinem Schwiegersohne hier besuchsweise aufhielt und da schon halb erblindet war, ist er nicht von fremden Leuten unterstützt worden...« (In: Hermann Lungwitz, Altes und Neues über Karl Stülpner, Ehrenfriedersdorf 1887)

Niedergang und Verfall Stülpners hatten mit dem Tode seiner treuen Gefährtin und Frau Hanne-Christiane begonnen. Mit ihr war er um 1819 nach Böhmen zurückgekehrt, weil er in der sächsischen Heimat keinen rechten Unterhalt fand. Er zog mit Hanne-Christiane nach Preßnitz und trieb Paschhandel.

»Bald darauf starb daselbst den 15. Octbr. 1820 seine Gattin an den Folgen einer schweren Niederkunft...«, heißt es bei Schönberg. Nach der Preßnitzer Sterbematrikel verschied sie aber am 31. Mai 1820 am »Brand«. Am 24. April war Stülpner in der Tat ein Sohn geboren worden. Aller Wahrscheinlichkeit nach aber nicht von Hanne-Christiane, sondern von einer gewissen Maria Anna Veronika Manzora, die Stülpner drei Jahre darauf heiratet. Er ist 60 Jahre alt, die Preßnitzerin 30 Jahre jünger. Die ungleiche Ehe geht nicht lange gut. Sie wird wohl immer ein Rätsel bleiben. Um das Jahr 1828, zur Zeit seines völligen Erblindens, verläßt Stülpner Böhmen. Wahrscheinlich für immer. In der Schönbergschen Biographie wird diese Ehe nicht erwähnt. In Stülpners Heimat gilt sie noch 1930 als ein bloßes Gerücht. Stülpner hat sie verschwiegen. So konnte seine böhmische Frau auch nicht zu seiner Versorgung herangezogen werden, nachdem er in Lauta zusammengebrochen war.

Auch versuchen die Scharfensteiner nicht, die Verpflegungspflicht den Großolbersdorfer oder Lauterbacher oder anderen Angehörigen Stülpners zuzuweisen. Das gespannte Verhältnis oder die wirtschaftliche schwierige Lage derselben war wohl bekannt.

»Daher wurde vom Rath beschlossen«, heißt es im Scharfensteiner Gemeindeprotokollbuch unter dem 7. Oktober 1839 weiter, »den Genannten Stilbner aus der Armencaße wöchentlich 6 Groschen auszuzahlen. Da aber kein Comunhaus da ist, so wurde beschloßen, genannten Stilbner bei einem Hausbesitzer oder Hausgenoßen mit in die Stube einzunehmen gegen eine billige Vergütung. So ergab sich's denn, daß die Witwe Gottschalkin genannten Stilbner mit in ihre Stube zu nehm und verlangte wöchentlich 12 Groschen für ihre Bemühung. Aber durch besprechung mit der Gottschalkin, solches für 8 Groschen wöchentlich zu thun, so war sie es auch zufrieden und wurde genehmicht und unterschrieben...«

Die »Witwe Gottschalkin«, die sich des altersschwachen Wildschützen erbarmte, tat dies aus alter freundschaftlicher Verbundenheit. Der alte Gottschalk, Maurer von Beruf, hatte einst, 1781, das stark baufällige Stülpner-Häusel im »Gänsewinkel«, in dem der Wildschütz geboren worden und das bereit 1774 infolge der Notlage der Stülpnerin unter den Hammer gekommen war, gekauft, daneben ein neues Haus gebaut und die Ruine abgerissen. Die Stülpnerin hatte man mit ins neue Gebäude »eingenommen«, und sie hatte bis zu ihrem Tode darin gewohnt. Der Wildschütz hatte sich häufig bei der Mutter aufgehalten, es hatte immer ein freundschaftliches Verhältnis zwischen den Wirtsleuten und den Hausgenossen bestanden. Als das Gottschalk-Haus im Oktober 1795 von dem auf Stülpner angesetzten Fangkommando militärisch besetzt und gerichtlich durchsucht worden war, war auch der alte Gottschalk mitten aus dem Schlaf gerissen und streng verhört und nach dem Verbleib des nicht auffindbaren Stülpner gefragt worden. Gottschalk, der des Wildschützen Verhältnis mit der Ortsrichterstochter kannte, verriet jedoch, selbst unter Androhung der Verhaftung, Stülpner nicht. Durch die nächtliche, überfallartige Aktion hatte Gottschalk jedoch einen Schock erlitten, von dem er sich nicht mehr erholte. Zwei Wochen darauf war er gestorben. Die Freundschaft war über all die Jahre erhalten geblieben. Immer wieder, auch nach der Rückkehr Stülpners aus Böhmen, kehrte er im Gottschalk-Haus ein, war er hier ein gern gesehener Gast.

Und doch mußte der Scharfensteiner Gemeinderat sich bereits wenige Wochen nach der Aufnahme Stülpners ins Gottschalk-Haus erneut mit dessen Versorgung befassen:

»Den 17. November 39 meldete sich die Witwe Gottschalk bei den Rath, das sie Stilbner nicht mehr behalten will. So wurde denn beschloßen und festgesetzt, Stilbner nach der Ortnung alle acht Tage von Hauß zu Hauß zu schicken, wo ein jeder Hauswirth verbunten ist, Stilbner acht Tage lang behalten muß, Stilbner aber seine 6 Groschen sofort allwöchentlich aus der Armen-Casse ausbezahlt erhält...«

Selbst für die befreundete Gottschalkin war also, wie für die Verwandten, kein längeres Auskommen mit Stülpner mehr möglich...

Sein Leben lang war Stülpner unstet umhergezogen. In jungen Jahren hatte es ihn weit hinausgetrieben. Immer wieder hatte es ihn in die Heimat zurückgezogen. Je älter er wurde, um so enger wurden die Kreise. Nun wanderte er in Scharfenstein von Haus zu Haus.

Noch einmal raffte er sich auf:

»Nach Verlauf eines halben Jahres aber begab sich Stilpner wieder auf die Wanderschaft, zunächst nach der sogenannten Amtsmühle bei Wolkenstein, dann nach Landgütern bei Annaberg. Fast ein ganzes Jahr fristete er als Erzähler sein Leben in der Gegend von Schwarzenberg und Schneeberg, mußte dann aber wieder krank nach Scharfenstein zurückgeschafft werden, wo er in dem am Aufstieg zum Schloßberg gelegenen Pilzschen Hause am 24. September 1841 starb. Als Todesursache wird im Kirchenbuch »Entkräftung« angegeben.« (Pfarrer Reetz, Geschichte und Geschehen in der Kirchgemeinde Großolbersdorf, 1930)

Das Sterbehaus Stülpners liegt kaum einen Steinwurf

weit von der Stelle entfernt, an der einst sein Geburtshaus stand. Am Sterbehaus ist eine Gedenktafel angebracht. An der Stelle des Geburtshauses steht ein Gedenkstein. Der Weg, der zur Burg Scharfenstein hinaufführt, ist nach Stülpner benannt.

Stülpners Leichnam soll »nach seinem Tode noch derartig mit Ungeziefer behaftet gewesen sein, daß es die Leichenträger für ratsam hielten, ihn vor der Fortschaffung nach dem in Grossolbersdorf gelegenen Friedhof erst einige Stunden auf Reissig und zwar auf einen Düngerhaufen zu betten...« (Friedrich Küchler, Chronik von Scharfenstein und Führer durchs Zschopauthal, Dittersdorf im Erzgebirge, 1900)

Der Überlieferung nach haben viele Menschen aus 15 Orten an Stülpners Begräbnis teilgenommen. Er wurde auf dem Friedhof (damals „Gottesacker" genannt) zu Großolbersdorf bestattet.

Verehrer errichteten ihm hier mit Unterstützung des Landesvereins Sächsischer Heimatschutz Dresden ein Grabmal. Die Inschrift lautete:

»Dem
Sohn unserer Wälder
KARL STÜLPNER
* 30. 9. 1762 † 24. 9. 1841
zum Gedächtnis«

Das Grab ist mit dem nach einem Entwurf Gottfried Werners, Großolbersdorf, neu gestalteten Porträt des Wildschützen geschmückt. Es wird von Mitgliedern des Natur- und Heimatvereins Großolbersdorf liebevoll gepflegt.

»Mich schießt keiner tot!« rief er mit Donnerstimme seinen Verfolgern entgegen. Er meinte es wörtlich. Nicht nur wörtlich behielt er recht... Weder die bleiernen Kugeln noch die papierenen Reskripte seiner Häscher, weder die verächtlichen Worte seiner Neider und Mißgönner noch seine Beweihräucherung durch falsche Bewunderer haben ihn je getroffen...

Nachwort zur 2. Auflage

Weit über das eigentliche Stülpner-Revier hinaus hat die erste Auflage dieses Buches erstaunliche Resonanz gefunden.
Es ist schon ein Phänomen: Trotz all der gravierenden Entwicklungen und einschneidenden Veränderungen, die in der »großen« Welt wie in unserem Alltag in der Vergangenheit vor sich gingen und heute vor sich gehen – der Stülpner Karl ist nicht totzukriegen. 160 Jahre sind vergangen, seit er gestorben ist. Offenbar verkörpert seine legendäre Gestalt auf so anschaulich-überzeugende wie originelle und exemplarische Weise Eigenschaften, Merkmale – *Werte*, die im Volk tief verwurzelt sind, die erkannt und anerkannt werden und für bewunderns- und erstrebenswert gelten.
Gerade der Erzgebirgler erkennt sich sinnbildhaft in dieser Volksgestalt wieder, und er verdichtet, überhöht und verehrt in ihr eigene Sehnsüchte, Wünsche und Wesenszüge.
Von familiärer und örtlicher Überlieferung über nachhaltige Kindheitseindrücke bis zur ernsthaften wissenschaftlichen Nachforschung reichen die Mitteilungen, die mich erreichten. In fast jedem Ort zwischen Chemnitz und Reitzenhain und zwischen Geyerschem und Oederaner Wald gibt es offenbar bis heute mündlich überlieferte Erinnerungen an den Volkshelden, darunter auch bisher weitgehend unbekannte.
So erzählt etwa der von Carl Friedrich Stülpner, dem Bruder des Wildschützen, in direkter Linie abstammende Erich Weber aus Großolbersdorf davon, wie einer seiner Vorfahren als kleiner Junge von seinem Onkel oder Großonkel, dem Wildschützen Karl Stülpner, mit in den Wald genommen worden sei. Das letzte Stück Weges habe er ihn dann mit verbundenen Augen in ein Versteck bzw. eine Höhle geführt, wo er ihn wieder von der Binde befreite...
Eine Reihe von weniger bekannten, sehr interessanten Erinnerungen an den Wildschützen finden sich übrigens in der Sagensammlung »Die Wunderblume vom Schlettenberg« des Schriftstellers Wolfgang Buschmann, Zöblitz.
Durch Johannes Schreiber, Crottendorf, erfuhr ich, daß Stülpner öfters im Haus Ortslisten-Nr.259 in Crottendorf für zwei bis drei Tage übernachtet haben soll. Einmal habe er dort Holz gehackt, offenbar, um sich für empfangenes Essen, Trinken und Obdach abzufinden, oder weil eben Not am Mann war. Im Dorf ist das betreffende Anwesen von alters her als »Busch-Büttner-Haus« bekannt.

In Breitenau bei Oederan, gleich am Ortseingang von Oederan her, am ersten Haus rechterhand, befindet sich über der Haustür eine geschnitzte und bemalte Bildtafel. Darauf ist eine Gestalt in grüner Jägertracht und mit Flinte dargestellt, und geschrieben steht: »Hier kehrte Stülpner ein«. Nach Angaben des Heimatmuseums Oederan befand sich in dem heute stark baufälligen Gebäude früher (etwa bis Ende des 2. Weltkrieges) eine Gastwirtschaft. Im Jahr 1995 habe ich die Tafel noch am Haus gesehen und fotografiert.

Uta Kohl-Dreher, die in Scranton, USA, lebt, schrieb mir: »Du hast mei Schwaster gefragt, wos se su vun Stülpner-Karl denkt, un ich will aah miet neiredn. Also mir hier, wo mir englisch redn, mir hobn ne Robin Hood – dar is schu 800 Gahr tut, un immer hobn mr ne noch gern... War esu is, wie die Zwee, dar is gut, wenn'r aah immer mol wos Schlachts miet macht... An menn Stülpner-Karl, do loß iech mir fei nich rimflickn, solln de gescheiten Forschersleit sogn, wos se wolln. Esu saht de Dokte-uta...«

Aber die »gescheiten Forschersleit« wollen ja dem Stülpner-Karl gar nichts ans Zeug flicken, im Gegenteil.

So ist es Prof. Dr. Roland Unger, Dresden, einem gebürtigen Erzgebirgler, auf Johannes Pietzonkas Forschungen aufbauend, gelungen, weitere interessante Fakten aus dem Leben und dem historischen Umfeld Stülpners zu sichern und zu interpretieren.

Äußerst verdienstvoll ist auch seine textkritische Bearbeitung und Kommentierung der ersten, von Fritz von Sydow verfassten Stülpner-Biographie, die 1998 erschienen ist. (S. auch unter »Literatur über Stülpner – eine Auswahl«!).

Auf der Burg Scharfenstein ist mittlerweile unter der fachlichen Leitung von Prof. Dr. Unger und der Historikerin Britta Günther, Weißbach, eine repräsentative, auf modernen Forschungsergebnissen und auf entsprechender Interpretation beruhende Ausstellung zu Stülpner und seiner Zeit sowie zur Burggeschichte eröffnet worden, die sich großen Zuspruchs erfreut.

Ebenso gut besucht ist auch die im Dorfmuseum »Sättler-Haus« im benachbarten Großolbersdorf von Heini Wittig und seinen Natur- und Heimatfreunden inzwischen sachkundig und einfühlsam eingerichtete Stülpner- und Pietzonka-Ecke, in der u. a. die Porträts des Volkshelden und seines Ersterforschers sowie deren biographische Abrisse ausgestellt sind...

Nach Abschluß der Restaurierung im Schloß Wildeck in Zschopau wird auch im von Dr. Hans Brenner betreuten

Heimatmuseum bald wieder der Stülpners Zschopauer Soldatenzeit gewidmete Teil, u.a. mit einem Original-Uniformhut der »Maxer«, zu sehen sein.
Andenken und Erbe Stülpners wie das Johannes Pietzonkas werden in den genannten drei Erinnerungsstätten so anschaulich wie informativ gewürdigt.
Trotz aller Bemühungen gibt es freilich noch »weiße Flecken« in der »wirklichen« Stülpner-Biographie. Das betrifft vor allem Stülpners Wander- und Soldatenjahre. Trotz aller neuerlichen Bemühungen gelang es mir nicht, die überlieferten Angaben hierzu dokumentarisch zu belegen. Was Stülpners Anstellung als Herrschaftsjäger auf Zedtwitz bei Hof angeht, so teilte mir der jetzige Besitzer des Schlosses, Herr Dr. Hans Viessmann, Hof, mit, im Archiv befänden sich keine entsprechenden Unterlagen, sie seien wohl in den Jahren nach dem Zweiten Weltkrieg, da Umsiedler bzw. Flüchtlinge im Schloß untergebracht waren, verloren gegangen. Auch im Geheimen Staatsarchiv/ Preußischer Kulturbesitz, Berlin, sind die betreffenden Mannschaftsstammrollen der preußischen Armee, die an das Heeresarchiv Potsdam abgegeben worden waren, dort infolge von Kriegseinwirkungen fast vollständig vernichtet worden
Prof. Dr. Roland Unger habe ich mehrfach nach der eindeutigen Dokumentation der »Burgbelagerungs«- Episode gefragt. Es ist schon merkwürdig, daß das Original des Berichts von Oberförster Pügner über diese Vorfälle bis heute nicht im Sächsischen Hauptstaatsarchiv aufgefunden werden konnte. Doch Unger sagt, der Bericht sei mit hoher Wahrscheinlichkeit echt, die darin genannten Fakten und Personen wie der Sprachstil sprächen eine überzeugende Sprache, und schließlich verbürge sich kein Geringerer als der Schriftsteller Kurt Arnold Findeisen dafür.
Und davon, daß sowohl Oberförster Pügner als auch Förster Töpel zu Stülpners Zeiten in Geyer bzw. in Ehrenfriedersdorf ihres Amtes gewaltet haben, konnte ich mich inzwischen durch eigene Nachforschungen überzeugen. Ja, es gelang mir sogar, letzteren als mythische Gestalt zu identifizieren, und zwar in der Sage »Der Schatz auf dem Greifenstein sommert sich«, die Moritz Spieß in seinem 1862 erschienenen Buch »Aberglaube, Sitten und Gebräuche des sächsischen Erzgebirges« mitteilt. »Als der früher in Ehrenfriedersdorf angestellte Förster Töpel eines Tages bei dem Greifensteine vorbeiritt,« heißt es da, »hingen soviel Gras- und Strohhalme von den nahen Bäumen herab, daß er kaum hindurch reiten konnte. Dabei blieben einige Halme auf seinem Hute liegen. Als er daheim seinen Hut ab-

nimmt, hat er um denselben eine goldene Kette. Es soll noch ein Stück von dieser Kette vorhanden sein...« (Förster Töpel ist Mitunterzeichner des Berichtes, den Oberförsters Pügner, Geyer, über die schiefgegangene Fahndungsaktion gegen Stülpner in Scharfenstein am 12./13. Oktober 1795 verfaßt hat.)

Weil wir einmal auf dem Greifenstein sind: Immer wieder wird mir die Frage gestellt, ob der Wildschütz »wirklich« in der nach ihm genannten Höhle übernachtet, ja regelrecht »gewohnt« habe. Aber der Stülpner Karl hatte es nicht nötig, in einer Höhle zu wohnen. Gerade im Greifenstein-Gebiet hatte er gute Freunde und Geschäftspartner, bei denen er unterkommen konnte und vor eventuellen Verfolgern sicher war. Die Überlieferung weiß, daß er u.a. in der ehemaligen Ehrenfriedersdorfer Ratsmühle (Herolder Straße 7, später Schütz-, auch Schönherr-Mühle genannt) verkehrte. Alfred Schönherr, der heutige Eigentümer des Anwesens, war so freundlich, mir Hauptgebäude, Keller und eine in seinem Besitz befindliche Kopie einer im Sächsischen Hauptstaatsarchiv befindlichen Verkaufsannonce der einstigen »Kommunmühle« zu zeigen. Alfred Schönherr nimmt an, daß bereits der junge Stülpner während seines Aufenthalts bei Förster Müller in den Jahren 1772 bis 1774 in der damaligen Ehrenfriedersdorfer Amtsmühle verkehrte. In der Mühle wurden Brot und Brötchen gebacken, vielleicht holte Stülpner hier für das Försterhaus Backwaren ein. Später, als »gemachter« Wildschütz, kehrte Stülpner öfter in die wildreiche Gegend zurück. Die Abnehmer versteckten das angekaufte Wildbret auf einem Bauernfuhrwerk unter den Mehlsäcken, die man aus der Mühle abholte. Die auf den Bergbau zurückgehende Höhle an den Greifensteinen kann Stülpner dabei durchaus als Zwischenlager -und Notversteck gedient haben. Alfred Schönherr und Günter Schubert sind jedoch davon überzeugt, daß er der Mühle den Vorzug gab.

Ich bin dort auf gewachsen, wo der Stülpner Karl begraben liegt, in Großolbersdorf. So glaubte ich genau zu wissen, wo genau sich die ursprüngliche Grabstätte des Wildschützen befand. Meine eigene Großolbersdorfer Großmutter und andere ältere Ortseinwohner waren davon überzeugt, Stülpner sei auf dem alten Friedhof an der Kirche, auf dem Kirchhof, begraben worden. Den neuen, an Warmbad- und Heinzebank-Straße gelegenen Friedhof, den »Gottesacker«, habe es zu Stülpners Zeiten noch gar nicht gegeben. Meine 1883 geborene Großmutter konnte sich zudem daran erinnern, daß die »Leichenhalle« auf dem Gottesacker erbaut wurde, als sie noch ein junges Mädchen war. Sie nahm an, die Halle sei unmittelbar nach Eröffnung des neuen Friedhofs errichtet worden. Auf dem Kirchhof wurde zu ihrer Zeit nicht mehr beerdigt. – Ich sah keinen Grund, meiner Großmutter zu mißtrauen. Außerdem lernte ich dann in der Schule«, daß es erst in der 2. Hälfte des 19. Jahrhunderts infolge der industriellen Revolution zu einem entscheidenden Zuwachs der Bevölkerung in Sachsen kam, infolgedessen wurden erst dann Neugründungen bzw. Erweiterungen von Friedhöfen notwendig. Erzgebirgische Ortschaften wie Großrückerswalde, Lauterbach oder Mauersberg bestätigten diese Auffassung ja auch. – Was ich in bezug auf die Lebensdaten Stülpners selbstverständlich fand, nämlich diese anhand der Forschungen Johannes Pietzonkas und Prof. Dr. Ungers zu überprüfen, das unterließ ich in bezug auf sein Grab. Die eigene Großmutter und die allgemeine Geschichtswissenschaft hatten mein uneingeschränktes Vertrauen... Gottfried Werner, Ehrenbürger und Chronist der Gemeinde Großolbersdorf, sowie Heini Wittig, Vorsitzender des Natur- und Heimatvereins Großolbersdorf, haben mich eines besseren belehrt. Aufgrund von Urkunden wiesen sie nach, daß in Großolbersdorf bereits im 16. Jahrhundert neben dem Kirchhof der Gottesacker am Kreuzungspunkt der Marienberger und der Warmbadstraße als Beerdigungsstätte benutzt wurde. Im Kirchenbuch ist dieser Gottesacker, der heutige Friedhof, als Begräbnisort Stülpners eindeutig angegeben. – Das habe ich zu berichtigen. Die Leser der l. Auflage bitte ich herzlich um Nachsicht und Entschuldigung.

Für Rat und Tat, für Anregung und Ermutigung habe ich vor allem zu danken:
Johannes Pietzonka, Großolbersdorf (†)
Karl Fritzsche, Großolbersdorf (†)
Gottfried Werner, Großolbersdorf
Heini Wittig, Großolbersdorf
Dr. Claus-Dieter Wolf, Großolbersdorf
Werner Spickenreuther, Marienberg/OT Lauterbach
Dr. Hans Brenner, Zschopau
Prof. Dr. Roland Unger, Dresden

Karl Sewart

Drebach, im November 2001

Karl Stülpner

Daten zu Zeit und Biographie

1718 Maria Sophia Schubert, Mutter Karl Stülpners, in Scharfenstein geboren.

1720 Johann Christoph Stilpner, Vater Karl Stülpners, in Krumhermersdorf bei Zschopau geboren.

1730 Gottfried Stilpner, Schuhmacher in Krumhermersdorf, Großvater Karl Stülpners, gestorben.

1733 Friedrich August I. (der Starke), Kurfürst von Sachsen und König von Polen, stirbt nach 38jähriger Regierungszeit. Allein seine Prachtliebe und Repräsentationssucht sollen Sachsen 100 Millionen Taler gekostet haben. Sein Sohn Friedrich August II. und dessen Minister Brühl regieren von 1733 bis 1763 und bringen Sachsen an den Rand des Ruins.

1741 1. Schlesischer Krieg. Preußen gewinnt Schlesien – Sachsen geht leer aus. Während des Krieges wechselt Sachsen auf die preußische Seite.

1745 2. Schlesischer Krieg. Erneuter Frontwechsel Sachsens unter Minister Brühl. Sachsen ist der Verlierer. Bei Kesselsdorf wird die sächsische Armee von den Preußen geschlagen und muß Preußen den Besitz Schlesiens garantieren. Sachsen muß an den Sieger die hohe Kriegsentschädigung von 1 Million Talern zahlen.
In diesen Jahren fand die Heirat der Eltern Karl Stülpners statt. Sie kaufen ein altes Haus mit kleinem Anwesen im Scharfensteiner »Gänsewinkel«.
Melchior Schubart, Großvater Karl Stülpners, Häusler und herrschaftlicher Jäger in Scharfenstein, stirbt.

1756/1763 Siebenjähriger Krieg, der Sachsen ins tiefste Elend stürzt. Friedrich II. von Preußen rächt sich hart für ein geplantes Komplott Minister Brühls gegen ihn. Erklärtes Ziel des Preußenkönigs ist die Eroberung Sachsens. Preußische Einquartierung auch im Erzgebirge. Vor aller längs der Paßstraße Leipzig–Prag über Chemnitz und Marienberg. Der Siebenjährige Krieg endet durch die allgemeine Erschöpfung der Teilnehmer. Das Ziel, ganz Sachsen zu erobern, hat Friedrich II.

nicht erreicht. Doch Sachsens Wirtschaft und Kultur liegen schlimm darnieder. Am meisten leidet die Bevölkerung. Gegen Ende des Krieges, am 30. September 1762, wird Carl Heinrich Stilpner (die Schreibweise ändert sich später) in Scharfenstein geboren. Er ist das 8. Kind seiner Eltern. Die Mutter ist 44 Jahre alt. Der Vater arbeitet als Mühlbursche. (Die Großmutter väterlicherseits ist 1757 in Krumhermersdorf gestorben.) Die Paten sind: Georg Winkler, Viertelhüfner in Grießbach nahe Scharfenstein; Johanne Christiane Böhm, Tochter des Ganzhüfners Johann Samuel Böhm in Venusberg bei Scharfenstein; Johann Gottfried Findeisen, Zimmermeister, Waldläufer im Königl. Börnichener Forst und Häusler in Krumhermersdorf bei Zschopau.

1760 Zwei Jahre vor der Geburt des späteren Wildschützen, wird Johann Friedrich Schwan, Sohn des Wirtshausbesitzers »Zur Sonne« im württembergischen Dorf Ebersbach, im Alter von 31 Jahren in Vaihingen an der Enz als Räuber und Mörder hingerichtet (»von unten herauf« gerädert). Schwan begann seine »Karriere« als Wildschütz. Sein Schicksal diente Friedrich Schiller zum Vorwurf für seine Kriminalnovelle »Der Verbrecher aus verlorener Ehre« (1786) und Hermann Kurz für seinen Roman »Der Sonnenwirt« (1854).

1768 Friedrich August III. tritt die Regierung Sachsens an. Nahezu 60 Jahre steht er an der Spitze des Landes. Er übernimmt noch 40 Millionen aus dem Siebenjährigen Krieg stammende Kriegsschulden und beginnt sie abzutragen. Er erwirbt sich den Beinamen »der Gerechte«. Beim Regierungsantritt ist er 18 Jahre alt.

1769 Johann Christoph Stilpner, Karl Stülpners Vater, steht wegen Leinöldiebstahls unter Anklage. Leinöl ist ein Nahrungsmittel der Ärmsten.

Im gleichen Jahr desertiert Carl Christoph, Musketier, achtzehn Jahre alt, Bruder Karl Stülpners, aus dem sächsischen Regiment »Prinz Maximilian«. Desertionen aus dem Militärdienst sind häufig.

1771/1772 Durch zwei aufeinanderfolgende Mißernten, Teuerung, Armut ausgelöste große Hungerkatastrophe in

Sachsen, vor allem im Erzgebirge. Die Getreidepreise steigen um das Zehn- bis Fünfzehnfache. Im Kirchspiel Großolbersdorf, zu dem Scharfenstein gehört, sterben im Jahre 1772 154 Menschen gegen 35 im Jahre 1771. Aus Verzweiflung bricht der Pfarrer die Eintragungen ins Sterberegister ab. Vater Stülpner und Bruder Carl Christoph fallen wahrscheinlich der Hungersnot zum Opfer. Es findet sich kein Vermerk über Ihr Ableben in den späteren Registern. Die Stülpner-Mutter sowie ihr »Söhnchen« Karl und ihr Schwiegersohn Gottfried Mehner werden wegen Getreide- und Fleischdiebstahls, begangen auf dem Scharfensteiner Schloß, unter Anklage gestellt.

1772/ 1774 Wahrscheinlicher Aufenthalt des jungen Karl bei dem Forstadjunkten C. C. Müller in Ehrenfriedersdorf.

1773 Kurfürst Friedrich August III. bereist mit großem Gefolge das Erzgebirge und leitet Hilfsmaßnahmen gegen die Folgen der Hungersnot ein.
Vom 2. bis zum 11. September findet in den Marienberger Wäldern eine Hofjagd statt. Forstadjunkt C. C. Müller nimmt daran teil. Eine Teilnahme des jungen Karl Stülpner ist wahrscheinlich.

1774 Die nach Krieg und Hungersnot verarmte Mutter Karl Stülpners kann die Steuern und Abgaben für Haus und Anwesen nicht mehr aufbringen. Der Besitz kommt unter den Hammer. Karl Stülpner kehrt nach Scharfenstein zurück.

1775 Anna Sophia Schubert, Witwe des ehemaligen herrschaftlichen Försters Melchior Schubert und Großmutter Stülpners, stirbt im Alter von 81 Jahren in Scharfenstein.

1777 Am 12. April wird Johanna Christiane (Hanne-Christ) Wolfin, Tochter des Ortsrichters, in Scharfenstein geboren. Sie ist Stülpners spätere Gefährtin und Frau.

1778/ 1779 Bayrischer Erbfolgekrieg, sogen. Kartoffelkrieg. Karl Stülpner nimmt als Troßknecht teil. Ende 1779 läßt er sich freiwillig vom Regiment »Prinz Maximilian« in Chemnitz anwerben und wird Anfang 1780 »in Zuwachs« genommen.

1784 Stülpner wird wegen beim Regiment eingehender Beschwerden über seine Wildschützentätigkeit von Chemnitz nach Zschopau versetzt.

Von dem Jägerburschen des Zschopauer Oberforstmeisters Ziegler beim Wildern gestellt, schlägt Stülpner diesen nieder. Auf die Anzeige Zieglers hin wird Stülpner verhaftet und nach Chemnitz in den Stabsarrest gebracht. Strenge Haft und Verhöre folgen. Stülpner deckt seine Auftraggeber, die Offiziere.

1785 Jahresmanöver der kursächsischen Armee bei Mühlberg an der Elbe. Stülpner wird als Arrestant vom Regiment mitgeführt. Auf dem Heimmarsch desertiert Stülpner und setzt sich nach Böhmen ab.

1785/1794 Stülpners große Wanderschaft: Er ist Hausknecht und Forstadjunkt in Böhmen, herrschaftlicher Jäger in Ungarn, wandert über Wien, durch Österreich, die Schweiz, Baden, Hessen, wird in Hannover Dragoner, desertiert mit Pferd und Zeug, kehrt ins Erzgebirge zurück. Nimmt die Wildschützentätigkeit wieder auf, wird verfolgt, geht erneut über Böhmen nach Bayern, wird herrschaftlicher Jäger in Kunnersreuth und in Zedtwitz. In Bayreuth fällt er preußischen Werbern in die Hände, er wird Soldat des Regiments »Prinz Heinrich« in Spandau.

1789 Bürgerliche Revolution in Frankreich. Die Menschenrechte werden verkündet.

1790 Anhaltende Teuerung und Hungersnot im Erzgebirge. Unruhen in der ländlichen Bevölkerung in Kursachsen. Bauern vertreiben das Wild von Feldern und aus Wäldern, jagen es, verweigern den Grundherren Dienste und Abgaben. Der Aufstand muß mit Gewalt und List niedergeschlagen werden.

1791 Heimkehr des Scharfensteiner Burg- und Gerichtsherrn Alexander Abraham von Einsiedel aus österreichischen Militärdiensten. Die Untertanen leisten den Treuhandschlag.

1792/1793 Stülpner nimmt als Soldat der preußischen Armee am Interventionskrieg gegen das revolutionäre Frankreich teil.

1793 Die Jakobiner geben ein Dekret über die völlige und entschädigungslose Abschaffung der Feudallasten heraus. Es soll auch keine Jagdprivilegien mehr geben.

»Abällino, der große Bandit«, Räuberroman des deutschen Schriftstellers Heinrich Zschokke, erscheint.

Stülpner wird in der Schlacht bei Kaiserslautern verwundet. Er desertiert aus der preußischen Armee und wandert quer durch Deutschland nach Hause. Zu den Ostertagen des Jahres

1794 soll er in Scharfenstein eingetroffen sein. Stülpner beginnt sein großes Treiben als Wildschütz in den sächsischen und böhmischen erzgebirgischen Wäldern.

1795 8. Oktober: Es ergeht die hohe Verordnung zur Verhaftung Stülpners.

12. Oktober: Großangelegte Fahndungsaktion gegen Stülpner unter Leitung des Gerichtsdirektors Günther aus Thum. Besetzung und Durchsuchung des Gottschalk-Hauses, in dem die Mutter Stülpners wohnt. Die Mutter wird vom Gerichtsbüttel mißhandelt. Beschlagnahmung von Jagdutensilien und privaten Sachen Stülpners.

12./13. Oktober: Stülpner hält das gesamte Fangkommando in der Burg Scharfenstein gefangen.

16. Oktober: Oberförster Pügner aus Geyer, der an der Aktion teilnahm und auf dessen Pferd Stülpner einen Schuß abgab, richtet einen ausführlichen Bericht über diese Vorgänge an den Oberforstmeister.

28. Oktober: Johann Christoph Gottschalk, der Hauswirt von Stülpners Mutter, stirbt, wahrscheinlich am Schock über die Hausbesetzung und das Verhör.

4. November: Höchste Order zur Verhaftung des »Raubschützen« Stülpner.

16. November: Das Justizamt Wolkenstein gibt den Steckbrief Stülpners heraus. Stülpner ist für vogelfrei erklärt.

17. Dezember: Der Steckbrief wird in den »Leipziger Zeitungen« veröffentlicht.

1796 26. Februar: »Ein totgeborenes Söhnlein Hannen Christianen Wolfin. Sie ist Christian Wolfens, Richters, Acciseinnehmers und Zwirnhändlers in Scharfenstein eheliche Tochter. Stilpner hat sich, da er sich nicht selbst darf sehen laßen, bey der Nacht gegen die hiesige verpflichtete Wehefrau als Vater angegeben ...«

1798 Alexander Abraham von Einsiedel, Herr auf Scharfenstein, stirbt.

1799 Johanne Christiane Wolfin zeigt dem Pfarrer in Großolbersdorf an, daß sie erneut durch Stülpner in gesegneten Umständen sei.

11. Juli: »Hanne Eleonore, Töchterlein von Hannen Christianen, H. Christian Wolfens Acciseinnehmers, Richters und Tüchers in Scharfenstein ehelicher einziger Tochter. Karl Heinrich Stilpner ist der Vater.«

1800 Stülpner kehrt, nachdem er als Wildschütz und Deserteur begnadigt wurde, in sein Regiment nach Chemnitz zurück.

1803 Johannes Bückler, gonannt »Schinderhannes«, Wilddieb, Räuber, Rebell, wird auf der Guillotine zu Mainz hingerichtet.

1806 4. Januar: »Christiane Eleonora, drittes uneheliches Töchterlein Hannen Christianen einer geb. Wolf in Scharfenstein von ihrm abermahligen Schwängerer Carl Heinrich Stilpner, Musquetier unter dem Löbl. Prinz Maximilianisch. Inf. Reg....«

Stülpner nimmt an der Schlacht bei Jena teil, wird auf dem Rückmarsch gefangengenommen, flieht und kehrt in die Heimat zurück.

1807 Stülpner desertiert nach Böhmen.

3. September: Maria Sophia Stilpnerin stirbt im Alter von 89 Jahren. Sie hinterläßt fünf Kinder.

Hanne-Christiane Wolfin folgt Stülpner nach Böhmen.

15. Oktober: Hanna-Christiane Wolfin wird von ihrer Mutter, der Ortsrichterin, enterbt, weil sie Stülpner nach Böhmen gefolgt ist.

17. Oktober: Die Ortsrichterin stirbt, 66 Jahre alt, am Schlagfluß.

22. Oktober: Der Ortsrichter Wolf nimmt sich das Leben. Die Gemeindemitglieder weigern sich, ihn zu Grabe zu tragen.

1812 Der sächsische Offizier und Schriftsteller Friedrich von Sydow veröffentlicht in den »Freiberger gemeinnützigen Nachrichten« erste Darstellungen über Stülpners Leben.

1813 Völkerschlacht bei Leipzig. Nach dem Generalpardon kehrt Stülpner aus Böhmen in die Heimat zurück. Er organisiert die Vertreibung und Bekämpfung von Marodeuren aus der Umgegend von Scharfenstein und beteiligt sich selbst an den Aktionen.

1816 Die »Neue Jugendzeitung« Leipzig druckt eine biographische Arbeit über Stülpner von Christian Gottlob Wild, Pfarrer in Breitenbrunn im Erzgebirge, ab.

Hanne-Christiane Stülpnerin, geb. Wolf, kauft in Großolbersdorf das Plönertsche Haus an der Hohen Straße. Geburt des ersten ehelichen Kindes der Hanne-Christiane. Das Kind stirbt zwei Wochen nach der Geburt.

1820 Hanne-Christiane Stülpnerin verkauft das Plönertsche Haus an ihren Schwiegersohn August Schönherr aus Lauterbach.

Die Stülpners kehren nach Böhmen zurück. Geburt des Sohnes Carl Friedrich in Preßnitz?

31. Mai: Johanne-Christiane Stülpnerin stirbt in Preßnitz im Alter von 43 Jahren.

1823 Stülpner heiratet in Preßnitz die 30 Jahre jüngere Maria Anna Veronika Manzora.

1828 Sohn Johann Stülpner in Preßnitz geboren. Stülpner ist ortsabwesend. Er ist am grauen Star erkrankt und in die Heimat zurückgekehrt.

1831 Augenoperation Stülpners durch den Mittweidaer Stadtrichter und Chirurgen Seyfarth. Nach Schönberg trägt Christian Friedrich Preißler aus Marienberg die Kosten. Stülpner erlangt auf einem Auge die Sehkraft zurück.

1832 Friedrich von Sydow bringt das erste Buch über Stülpner heraus: »Der berüchtigte Wildschütz des sächsischen Erzgebirges Carl Stülpner, ein biographisches Gemählde, der Wahrheit treu angelegt und mit romantischen Farben ausgemahlt.«

1833 Der Schwiegersohn Stülpners August Schönherr ist stark verschuldet.

1834 Die Industrie hält in Scharfenstein ihren Einzug. Die Unternehmer Brüder Lechia ersteigern die Schloßmühle und errichten eine Großspinnerei. Englische Mechaniker montieren die neuen Spinnmaschinen.

1835 In Annaberg gedruckt, erscheint Carl Heinrich Schönbergs Biographie »Carl Stülpner's merkwürdiges Leben und Abenteuer als Wildschütz im sächsischen Hochgebirge sowie dessen erlittene Schicksale während seines unter verschiedenen Kriegsperioden und Nationen gethanen 25-jährigen Militärdienstes – Von ihm selbst der Wahrheit treu mitgetheilt...« Stülpner geht mit dem Buch in Leipzig hausieren. Er wird festgenommen und nach Scharfenstein abgeschoben. Das Buch wird als staatsgefährdend beschlagnahmt und verboten.

1839 Stülpner bricht auf Wanderung in Lauta bei Marienberg zusammen und wird zum Versorgungsfall für seine Heimatgemeinde Scharfenstein. Er erhält eine Unterstützung und wird am Ende reihum von Haus zu Haus geschickt, da die Gemeinde kein Armenhaus hat.

1841 Am 24. September, sechs Tage vor Vollendung seines 79. Lebensjahres, stirbt Karl Stülpner völlig mittellos einen Steinwurf von der Stelle entfernt, an der sein Geburtshaus stand. Er wird auf dem Friedhof (früher »Gottesacker«) zu Großolbersdorf (wohin Scharfenstein eingepfarrt ist) beigesetzt. Wenige Schritte entfernt befinden sich weitere Stätten der Erinnerung an den Volkshelden: – das Dorfmuseum »Sättler-Haus«, in dem eine »Stülpner-Ecke« eingerichtet worden ist;
– das Gasthaus »Linde«, in dem Stülpner einst gern einkehrte und in dem der Lehrer und Heimatforscher Johannes Pietzonka, der Verfasser der grundlegenden Schrift »Karl Stülpner – Legende und Wirklichkeit«, lebte und wirkte;
– der »Stülpner-Berg«, eine von Schnitzern des Ortes in der Art der erzgebirgischen Weihnachtsberge geschaffene Miniaturlandschaft, in der Episoden aus dem abenteuerlichen Leben des Wildschützen kunst- und liebevoll dargestellt sind.

Literatur über Stülpner – eine Auswahl

1719 Fleming, H.F. v., Der vollkommene teutsche Jäger, Leipzig

1734 Pärson, J.W. v., Der Edle Hirsch-gerechte Jäger, Leipzig

1746 Döbel, H.W., Jäger-Practica oder Der wohlgeübte und erfahrene Jäger, Leipzig

1755 Becher, Joh.J., Kluger Hausvater, verständige Hausmutter, Leipzig

1812 Sydow, Fr. v., Carl Stülpner, ein berüchtigter Wildschütz im sächsischen Erzgebirge, Freyberger gemeinützige Nachrichten

1816 Wild, Ch. G., Karl Stülpner, ein merkwürdiger Wildschütz, Neue Jugendzeitung, Leipzig

1832 Sydow, Fr. v., Der berüchtigte Wildschütz des sächsischen Erzgebirges Carl Stülpner, ein biographisches Gemählde, der Wahrheit treu angelegt und mit romantischen Farben ausgemahlt. Sondershausen

1835 Schönberg, C.H.W., Carl Stülpner's merkwürdiges Leben und Abenteuer ..., Zschopau

1836/1837 Nachdruck der Schönbergschen Biographie im »Dampfkalender« der Höferschen Buchdruckerei, Zwickau

1858 Eduard Milan, Leben, Thaten und Ende Carl Stülpners, des kühnen Raubschützen im sächsischen Obererzgebirge..., Löbau

1887 Lungwitz, Hermann, Altes und Neues über Carl Stülpner, Ehrenfriedersdorf

1888 Haar, R., Die Historie von Karl Stülpner ..., Sorau

1890 Billig, G., Der gefürchtete Wilddieb Karl Stülpner, Dresden

Wildau, E., »Wildschütz«, Erzählung aus Karl Stülpners Leben, Chemnitz

1899/1900 Fels, G. v., Stülpner und Karaseck, die verwegenen Wildschützen und Räuberanführer ..., Neuensalza

1900 Küchler, Fr., Chronik von Scharfenstein und Führer durch das Zschopaustal, Dittersdorf/Erzgeb.

1903 Grohmann, M., Das Obererzgebirge und seine Städte, Annaberg

Zeil, E., Wolkenstein – heimatkundliche Geschichtsbilder, Annaberg

1922 Schmidt, O. E., Stülpners Beziehungen zu Scharfenstein, in: Kursächsische Streifzüge, Bd. 5, Dresden
Findeisen, K. A., Der Sohn der Wälder – Ein Schicksal, Leipzig (Vorabdrucke 1919 und 1920/21, Nachauflagen 1934,1954,1957)
1923 Wenzel, M., Der Stülpner Karl, Chemnitz
1925 Findeisen, K. A., Der Raubschütz, Ein Jugendbuch
Roth, J., Der Rebell des Erzgebirges, in: Leipziger Volkszeitung (29.5.)
1927 Siegert-Film, Karl Stülpner, Chemnitz-Siegmar
1928 Steglich, H., Das Spiel vom Stülpner (Laienspiel), Annaberg
1929 Roitzsch, P., Auf wilder Wurzel, Erzgebirgische Natur- und Kulturbilder, Bd.I, Schwarzenberg
1930 Reetz,J., Geschichte und Geschehen in der Kirchengemeinde Großolbersdorf, Selbstverlag
1931 Reh, H., Der Stülpner Karl, Volksstück für die Freilichtbühne, Annaberg
1933 Fröbe, W., Karl Stülpner, der Wildschütz, in: Probe, »Ein Jahrtausend erzgebirgische Geschichte«, Schwarzenberg
1937 Hörning, W., Stülpner Karl, Volksstück in 2 Teilen für die Naturbühne auf den Greifensteinen
1938 Kanut Schäfer, Stülpner Karl, Ein Volksstück für die Greifenstein-Naturbühne
1939 Wenzel, M., Wie der Stülpner-Karl gestorbn is, in: Stimmen der Landschaft, Bd. 6, Dresden
1941 Findeisen, K. A., Zum 100. Todestag Stülpners, in: Leipziger Neueste Nachrichten
Sachse, R., Karl Stülpner – Zu seinem 100. Todestag, Ein Schrifttumsverzeichnis, in: Glückauf; Der Rebell des Erzgebirges. Zum 100. Todestag von Karl Stülpner, Erzgebirgische Heimatblätter
1942 Sachse, R., Wildschütz Karl Stülpner, Nachtrag zu seinem 100. Todestag am 24.9.1941, Glückauf
1952 Pfeiffer, H., Bergleut, Bauern und Briganten, Ein Heimatfestspiel, Wolkenstein
1954 Sieber, S., Der Stülpner Karl, ein Jugendbuch, Berlin
1956 Pietzonka, J., Karl Stülpner, der Wildschütz des Erzgebirges und Sohn des Volkes, Hörspiel
Wille, H.H., Der grüne Rebell, Historischer Roman um den Freijäger Karl Stülpner, Berlin
1957 Hörning, W., Karl Stülpner, Volksstück in 10 Bildern für die Naturbühne auf den Greifensteinen

1960 Pfaff, S., Karl Stülpner; Hörspiel für die Jugend in 2 Teilen, Berlin
1962 Pietzonka, J., 1762-1962; Festspiel um Karl Stülpner
1963 Pastowsky, K., Karl Stülpner. Volkstümliches Schauspiel in 10 Bildern. Greifenstein-Bühne
1973 Pietzonka, J., Carl Stülpner – Legende und Wirklichkeit, 3. erweitere und verbesserte Auflage
Beck, W., Stülpner-Legende – Siebenteilige Femsehfilmserie
Hoffmann, K., Nachwort zum Reprint der Schönbergschen Biographie, Leipzig; Volkstümliche Literatur über den Wildschützen Karl Stülpner, in: Sächsische Heimatblätter 1974
1975 Loest, E., Stülpner-Novelle, in: Etappe Rom, Berlin
1977 Kahlow, H., Karl Stülpner – Volksstück, Greifenstein-Naturbühne
1982 Unger, R.: Wieviel kostete Karl Stülpners Lederhose, in: Erzgebirgische Heimatblätter, Heft 5
1983 Wotte, H., Jagd im Zwielicht, Berlin
1984 Unger, R., Karl Stülpners Jagdgenossen, in: Erzgebirgische Heimatblätter, Heft 6
1986 Willkomm, H.-D., Die Weidmannsprache, Berlin
1990 Unger, R., Wer stahl Stülpners Taler?, in: Erzgebirgische Heimatblätter, Heft 6
1988 Unger, R., Ein bisher unbekanntes Porträt Karl Stülpners, in: Erzgeb. Heimatblätter, Heft 2
1991 Unger, R., Karl Heinrich Stülpner. Zum 150. Todestag des erzgebirgischen Wildschützen und Volkshelden, in: Mitteilungen des Landesvereins Sächsischer Heimatschutz, Dresden, Heft 2.
1993 Unger, R., Der erzgebirgische Wildschütz Karl Heinrich Stülpner, in: Kura, A./Ruhland, V./Unger, R., Sachsens Mordbrenner, Räuber, Pascher und Wildschützen im Erzgebirge und in der Oberlausitz, Berlin
1998 Unger, R., Carl Stülpner, ein berüchtigter Wildschütz im sächsischen Erzgebirge (textkritische Bearbeitung und Kommentierung der ersten Stülpner-Biographie von Fritz von Sydow, 1812), Scheibenberg,

Inhalt

Teil 1

Es wollt ein Jägerlein jagen **5**

Hört, ihr Herren, und laßt euch sagen 6
Wo auf steiler Bergesspitze 11
Schuhkel aus, Schuhkol oi 16
Der Tod fiel zu unseren Fenstern herein 21
Förster, eile zu dem Wald 26
Es wollt ein Jägerlein jagen 33
Setzt zusammen die Gewehre 37
Der König von Sachsen hat es selber gesagt 41
Kaum hab' ich das Wildbret geschossen 51
Und als nun die Schlacht vorüber war 60

Teil 2

Viel lieber wollt' ich kein Jäger mehr sein **73**

Hört, ihr Herren, und laßt euch sagen 74
... ich will und werde sie nicht nennen... 90
Hier liegt der lust'ge Hans 100
Im Wald, da sind die Räuber 106
Lieber wollt' ich kein Jäger mehr sein 113
Für dich, da setz ich Gut und Ehr 120
Es war ein Jahr der Angst 130
Daß Carl Stülpner noch lebt... 136
Nun tut sich die finst're Nacht schleichen 144
Nachwort 152
Karl Stülpner, Daten zu Zeit und Biographie 158
Literatur über Karl Stülpner, eine Auswahl 166